2014年重庆市决策咨询与管理创新计划项目（编号：cstc2014jccxA00020）

重庆大都市区产业转型与空间整合发展研究
——基于国家中心城市建设视角

CHONGQING DADUSHIQU CHANYE ZHUANXING YU KONGJIAN ZHENGHE FAZHAN YANJIU

彭劲松／著

西南交通大学出版社
·成 都·

图书在版编目（CIP）数据

重庆大都市区产业转型与空间整合发展研究：基于国家中心城市建设视角 / 彭劲松著. —成都：西南交通大学出版社，2014.9
ISBN 978-7-5643-3434-5

Ⅰ. ①重… Ⅱ. ①彭… Ⅲ. ①地方经济－产业经济－转型经济－经济发展－研究－重庆市 Ⅳ. ①F127.719

中国版本图书馆 CIP 数据核字（2014）第 208036 号

重庆大都市区产业转型与空间整合发展研究
——基于国家中心城市建设视角
彭劲松 著

责任编辑 罗小红
特邀编辑 郭鸿玲
封面设计 墨创文化
出版发行 西南交通大学出版社
（四川省成都市金牛区交大路 146 号）
发行部电话 028-87600564 028-87600533
邮政编码 610031
网 址 http: //www.xnjdcbs.com
印 刷 成都蓉军广告印务有限责任公司
成品尺寸 170 mm × 230 mm
印 张 11.75
字 数 228 千字
版 次 2014 年 9 月第 1 版
印 次 2014 年 9 月第 1 次
书 号 ISBN 978-7-5643-3434-5
定 价 47.00 元

目　录

第一篇　总体战略篇

第一章　相关概念与理论综述 …… 3

一、都市区相关研究综述 …… 3

二、城市规划主要理论综述 …… 5

三、都市区相关概念辨析 …… 7

四、都市区发展演进机制与特征 …… 8

第二章　重庆大都市区的空间结构及定位分析 …… 12

一、重庆大都市区空间界定及发展阶段 …… 12

二、重庆大都市区战略定位取向 …… 19

第二篇　产业发展篇

第三章　传统优势产业的复兴：以摩托车产业为例 …… 33

一、产业发展现状及趋势 …… 33

二、发展环境分析 …… 42

三、产业发展的总体战略 …… 47

四、支持产业复兴的对策建议 …… 53

第四章　低端加工业的转型跨越：以服装产业为例 …… 56

一、产业发展现状及问题 …… 56

二、产业转型跨越发展思路 …… 62

三、产业转型跨越发展的五大路径 …… 65

四、产业转型跨越发展的政策建议 …… 71

第五章　战略性新兴产业培育：以通用航空产业为例 …… 76
一、国外产业发展现状及经验启示 …… 76
二、国内主要城市产业发展情况比较 …… 81
三、产业发展环境分析 …… 87
四、发展目标愿景与路径 …… 96
五、产业发展方向 …… 100
六、相关对策建议 …… 103
第六章　产业承接与本地根植：以笔电产业为例 …… 106
一、世界计算机产业发展现状及转移趋势 …… 106
二、台湾电子信息产业大陆集聚趋势 …… 109
三、承接台湾信息产业的途径与方略 …… 116

第三篇　空间发展篇

第七章　核心城区的优化发展 …… 123
一、重庆城市规划的历史回顾 …… 123
二、主城空间演进与拓展 …… 131
三、城市新中心的远景构想 …… 136
第八章　近郊新区的融合发展 …… 139
一、新区发展比较分析 …… 139
二、融合发展的战略承载 …… 145
三、融合发展的战略途径 …… 146
第九章　远郊新城的协同发展 …… 161
一、发展环境分析 …… 161
二、协同发展的重要意义 …… 166
三、协同发展的战略途径 …… 168
四、相关政策建议 …… 177

参考文献 …… 181
后　记 …… 183

第一篇

总体战略篇

第一章
相关概念与理论综述

一、都市区相关研究综述

20 世纪 50 年代，随着经济全球化、交通网络的完善和技术进步，一种新型的城市形态——都市区（城市群、都市圈）成为城市化的代表形态和主流方向。可以这样说，都市区、都市圈和区域城市已经成为城市未来发展的主导模式。国内外学界和政府有关部门关于都市区及相关城镇群集发展概念的研究方兴未艾，本章力图对相关理论发展及形成做一番梳理。

国际上比较公认的，也是最先明确提出城市群概念的是法国地理学家戈特曼。1957 年法国地理学家戈特曼提出了最初的城市群概念 Megalopolis。戈特曼把美国东北部沿海地区的城市密集区域用原意为巨大城市邦的希腊语 Megalopolis 来命名，用以说明这一北起波士顿，南至华盛顿，由纽约、普罗维登斯、哈特福德、费城、巴尔的摩等一系列大城市组成的功能性地域。在这一地域，城市沿主要交通干线连绵分布，城市之间联系密切，产业高度集聚，形成主轴长 600 公里，人口 3 000 万的城市密集分布地带。在戈特曼对于城市群概念的表述中运用两个指标来界定 Megalopolis，即较大的总人口规模和高密度的人口分布。第一，戈特曼将城市群的总人口规模下限定为 2 500万人；第二，戈特曼认为城市群的人口密度至少应达 250 人/平方公里，核心区密度应更高。此外，戈特曼还指出城市群应具有高密度的城镇基础设施和高效率网络流通体系的鲜明特征。他认为，随着城市化的发展，城市将会沿着主要交通干道不断延伸。也就是说，城市交通干道越发达，城市会不断演化成为一个巨大的社会经济组合体，而周边的城市群体是一个连续性很强的以内部作用为主、多中心的云状结构，他同时指出“城市核”是比较明显的，“城市带”则在外形上是比较模糊的。

美国最早使用了"大都市区"（Metropolitan Area）这一概念。基于人口统计的需要，美国人口普查局于1910年确定了大都市区（Metropolitan District）的定义，即以一个或若干个有一定规模数量人口的中心城市和若干邻接城镇组成的区域。后来，几经修订确定为标准大都市统计区（SMSA），并明确界定以一个人口超过5万人以上的中心城市和至少4个人口密度在150人/平方千米的相邻县所组成的区域，相邻县中至少有25%的人在中心城市工作，或者有5%的非城市人口在中心城市工作，或者有5%的非农业人口居住在中心城市①。

早在20世纪50年代，日本学者和政府规划部门就开始对都市圈建设进行了研究。当时主要是针对大城市的迅速扩展，围绕城市郊区化和卫星城问题进行研究，并从商业角度提出了"大都市圈"的概念，即以中心城市为核心，若干周边城市和地区所组成的地域商业结构。20世纪60年代，日本政府接受了都市圈概念，制定了《大都市圈建设基本规划》，并对都市圈概念做了规定：中心城市为中央指定市，或人口规模在100万人以上，并且邻近有50万人以上的城市，外围地区到中心城市的通勤人口不低于本身人口的15%，大都市圈之间的货物运输量不得超过总运输量的35%②。

此外，还有其他一些发达国家和地区也从不同角度对都市圈进行了定义和划分，如英国根据中心城市与周边城镇劳动力流动状况，将都市圈定义为"标准大都市劳务区"（Standard Metropolitan Labor Area，SMLA）；加拿大根据人口所在区域与大城市的联系程度将都市圈定义为"大都市人口统计区"（Census Metropolitan Areas，CMA）。

我国学者对都市圈及相关概念的研究始于20世纪80年代。

周一星教授（1987年）在借鉴西方都市区界定指标的基础上，提出建立中国的城市功能性地域"城市经济统计区"，即城市的市区非农业人口20万人以上的城市可作为中心市，划入邻接地区以县域为单元（因为统计资料易于取得），并发现中国已出现类似Megalopolis的两大大都市带：长江三角洲和珠江三角洲（含港澳）地区。之后，又进一步提出以都市区为基本单元的都市连绵区概念和划分标准，而区别于国外的大城市带。

高汝熹教授（1990年）明确了城市经济圈的概念，认为城市经济圈是"以经济比较发达的城市为中心，通过经济辐射和经济吸引，带动周围城市

① 宋迎昌：《都市圈——从实践到理论的思考》，中国环境科学出版社，2003年。
② 高文杰等：《都市圈规划论》，中国建筑工业出版社，2007年。

和农村，以形成统一的生产和流通经济网络”，并用通勤距离、经济距离和圈域半径界定了中国15个城市经济圈。

姚士谋教授（1992年）提出城市群（Urban Agglomerations）的概念，认为城市群是指在特定的地域范围内具有相当数量的不同性质、类型和等级规模的城市，在一定的自然环境条件下，以一个或两个超大或特大城市作为地区经济中心，共同构成的一个相对完整的城市“集合体”。

王兴平（2002年）对都市区进行了研究，认为都市区是区域性的中心城市，具备中心市区、城市边缘、外围生态开敞空间三个基本要素。中心市区与城市边缘处于日常生活的通勤范围以内，通过便利的交通网络联系，实现了市政基础设施的一体化，共享相同的生态单元。

二、城市规划主要理论综述

（一）田园城市理论

田园城市建设理论源于英国著名学者E. 霍华德（Ebenezer Howard）在1898年出版的《明天——通往真正改革的和平之路》一书中提出了“田园城市（Garden City）”的概念，指出在工业化条件下，存在着城市与适宜的居住条件之间的矛盾和大城市与自然隔离的矛盾，他提出了一个兼有城市和乡村优点的理想城市模式，称之为田园城市。这种田园城市包括城市和乡村两部分，整体以圈层状从城区向外依次为中心区、居住区、工业区、供农业生产的永久性绿地，主要是通过城市周边的农田和绿地来控制城市用地的无限扩张。

霍华德指出，田园城市是一个有完整社会和功能结构的城市，有足够的就业岗位维持自给自足，空间合理布局能够保障阳光、空气和高尚的生活，绿带环绕，既可以提供农产品，又能有助于城市的更新与复苏。田园城市的重点在于，如何在距离中心城一定距离之外的郊区，建设一个比中心区更具有吸引力的新城镇，新城镇具有一定的规模，超出这个规模后，可以新建一个田园城市，各个田园城市之间可以用铁路和公路保持联系。

（二）光辉城市理论

光辉城市理论由现代建筑运动大师勒·柯布西耶于1931年提出。“光辉城市”理论主张用全新的规划思路改造城市，设想在城市建设高层建筑、现代交通网和大片绿地，为人类创造充满阳光的现代化生活环境。他认为，大城市的主要问题是城市中心区人口密度过大；城市中机动交通日益发达，数量增多，速度提高，但是现有的城市道路系统及规划方式与这种要求产生矛盾；城市中绿地空间太多，日照通风、休闲游憩、运动条件太差。他提出要从规划入手，通过合理的规划手段改善城市现有空间布局，以适应这种情况。他主张提高城市中心建筑高度，让城市向高层发展，增加人口密度。

（三）广亩城市理论

广亩城市是由美国建筑师 F. L. 赖特在 20 世纪 30 年代提出的城市规划思想。他认为在汽车和廉价电力遍及各地的时代里，已经没有将一切活动集中于城市的必要，而最需要的是如何从城市中解脱出来，发展一种完全分散的、低密集的生活方式以及使居住、就业结合的新形式，这就是广亩城市。每一个广亩城市的市民都拥有自己的汽车，公共生活集中在特定的公共中心，因此有更多的人和活动凭借私人交通工具及现代通讯技术散布到广大农村去。赖特的目的在于将农业劳动与工业劳动、乡村与城市综合起来，体现了返璞归真的思想。

（四）有机疏散理论

1917 年，芬兰建筑师伊利尔·沙里宁（Eliel Saarinen）针对大城市过分膨胀带来的各种弊病，提出了有机疏散（Organic Decentralization）理论。

该理论有两个要点：把个人日常的生活和工作即沙里宁所讲的“日常活动”的区域进行集中布局，使活动需要的交通量减少到最低程度，并且不必都使用机械化交通工具；不经济的“偶然活动”的场所则可不拘泥于一定的位置进行分散布置。该理论认为，“对日常生活进行功能性集中”和“对这些集中点进行有机的分散”这两种组织方式，是使原先密集型城市得以实现健康发展所必须采用的两种基本方法。有机疏散就是把大城市目前的拥挤区域，分解成若干个集中单元，并把这些单元有机组织成为“在活动上相互关联的功能集中”，如此架构起城市有机疏散的最显著特点，将原先密集的城市区分裂成一个个集镇，它们彼此之间将用绿化带隔离起来。

（五）新都市主义理论

“新都市主义”（New Urbanism）是一种新的城市建设设计运动。该理论主张塑造具有城镇生活氛围的、紧凑的社区，取代郊区蔓延的发展模式。该理论认为，城镇的发展要有一定的边界，这一边界是由自然环境容量所限定的，人们不能模糊和消除这一边界的存在，在社区中应当达到足够的人口密度，保持人口居住的紧凑度，提高土地和资源的利用率，建设紧凑型城市。对于城市交通，新城市主义认为城市不仅要有大运量的、快速的、节约能源消耗的公共交通系统，并要尽可能多地考虑步行易达空间，并且各交通系统之间必须要有便捷的衔接和转换，共同构成有机的、便捷的交通网络，保持城市生态系统的持续运转。卡瑟普等人还提出了“公共交通主导的发展单元”的发展模式。

新都市主义从区域整体的角度应对大城市郊区化无序发展问题，主张控制中心城市无序发展，主张建设紧凑型城市，以“新城”模式建设卫星城，形成区域多中心开敞式的城市和城市群网络，这可以说是霍华德“田园理论”思想在新时代的重构与回归。

三、都市区相关概念辨析

都市圈在社会经济生活占据重要地位，国内外关于都市圈及其他类似城镇群体如大都市区、城市连绵区、城市群的概念和理论有不同的阐述和研究。这些概念的含义既有共同点，又存在差异。

国内外对都市圈及相似城镇群体的研究，主要基于以下几个标准：首位城市的人口规模、城镇群体首位度、中心城市 GDP 集中度、城镇群体区域内主要节点到首位城市的通勤时间及通勤率。可以看出，首位城市的人口集中度、经济集中度、通勤强度是衡量城镇群体特征的三个重要方面。因此，可从都市圈、都市区和城市群的中心城市的上述三个方面特征对都市区、都市圈和城市群三个概念做界定和区隔。

都市区是区域经济的发展达到一定水平后形成的，以一个中心城市和若干卫星城市组成的一日通勤城市组团，中心城市与卫星城市有明确的功能划分，在空间上由中心市区、外围生态开敞空间和都市区外围城镇三个基本要素构成的城市整体。

都市圈是由一个或多个中心城市和与其有紧密社会、经济联系的邻接城镇组成，具有一体化倾向的协调发展区域；是以中心城市为基础，以发达的联系通道为依托，吸引辐射周边城市与区域，并促进城市之间的相互联系与协作，带动周边地区经济社会发展，可以实施有效管理的区域。

城市群是具有相当数量的，不同性质、类型和等级规模的城市，依托一定的自然环境条件，以一个或两个特大城市作为地区经济的核心，借助于综合运输网的通达性，发生与发展纯属个体之间的内在联系，共同构成的一个相对完整的城市“集合体”。

这三种城镇群体的中心城市人口集中度、经济集中度和通勤强度分布情况如表1－1所示。

表1－1　都市圈、都市区和城市群的中心城市分布特征

指标特征 城镇群体	人口集中度	经济集中度	通勤强度
都市区	高度集中	高度集中	很强
都市圈	比较集中	比较集中	较强
城市群	相对均匀	比较集中	较强

但是从国内外的规划讨论与实际操作层面，作为城市化发展高级阶段的都市圈、都市区和城市群并没有十分严格意义上的区分。如东京大都市圈，也被部分学者称之为东京大都市区；我国长三角都市圈，也被称之为长江三角洲城市群。在不影响对城市群体类型的功能与空间结构探讨的前提下，三种称谓并不需要做出十分严格的限定和区别。

四、都市区发展演进机制与特征

（一）发展的动力机制

1. 都市区是城市化加速发展的产物

都市区的形成首先是城市化加速发展的结果。城市化所经历的轨迹，可以概括为一条稍扁平的“S”形曲线，在这一条曲线上存在一个拐点。拐点之前，城市化率以递减的速度提高，为城市化的前期阶段；拐点之后，城市化率以递增的速度提高，为城市化的后期阶段。

世界城市发展经验表明，城市化率达到50%~60%，城市化将进入加速发展的拐点阶段。在城市化的前期阶段，集聚效应占据城乡空间结构演变的主导地位，各类要素在空间上由周边向极核方向汇集，导致了具有综合功能的大城市和超大城市出现。而到了城市化的后期，由于人口膨胀、城市资源供应紧张，环境的综合承载能力达到一个特定饱和值，产生了集聚不经济，生产要素开始向周边低梯度区域“逃逸”并重新组合，这时扩散机制取代集聚机制成为城市化的主导动力，这样的结果导致了城市密集区，或者说都市圈的形成。

2. 工业化和技术进步的共同促进

城市产业结构的空间变迁与重构也会对都市圈的形成产生重要影响，我国区域非均衡发展主要通过第二产业的快速扩张实现。在大城市内部，工业化推进速度最快，导致增长极的形成，而增长极进一步发展过程中，一些对环境污染较大，对水源、电力等资源依赖较强，占用城市用地较多的重化型工业在级差地租的作用下，渐近向周边地区扩散。水耗低、污染小、用地少的现代服务业、高新技术产业则因大城市核心区物流和信息洼地效应，以都市区极核为中心汇流集聚。空间动态的“一进一退”，使产业结构突破单一城市空间，在有着密切联系的更广阔地域内进行重构，由此，都市圈极核部分将主要承担社会公共服务和商务流通等核心功能，并对其广阔的市场腹地形成有效辐射和向心吸引，在社会产业链、社会消费链的共构过程中，形成紧密的互动关系，使城市的范围一步一步地向外呈圈层放射状拓展。

3. 政府有目的的规划和政策导向

政府规划和政策导向对大都市圈的形成具有积极作用。客观上说，都市圈是实践的产物，政府科学的规划和积极的政策导向对都市圈的形成演进，起到了极大的推进作用。如东京都市圈的格局形成得益于日本城市规划学会、首都圈建设委员会于20世纪50年代到80年代四次首都圈的建设规划。纽约城市圈规划起始于1929年，由非官方和非营利性组织“纽约区域规划协会（RPA）”编制，迄今为止，RPA共进行过三次纽约区域规划。我国都市圈的崛起，主要是在我国改革开放之后政府基于非均衡发展战略的需要，有目的对沿海城市的规划及政府扶持。经过20多年的磨合，我国两个最重要的跨行政区域都市圈——长三角大都市圈和京津冀都市圈日益成熟，长三角和京津冀都市圈新一轮战略规划也在“十一五”期间启动，这标志着我国大都市圈发展进入一个新的阶段。①

（二）发展的阶段特征

都市区由萌芽到发展成熟，其初期一般是无序地自发成长，在后期则呈现出有组织、系统性发展特征，都市区越是到发展后期，其城市圈域耦合深化程度越快、整合效率也越高。根据大都市区发展一般规律，可将大都市区演进划分为：城市游离阶段、城市向心发展阶段、城市体系形成阶段和一体化发展阶段四个递进阶段。这四个阶段的特征如表 1－2 所示。

表 1－2　大都市区发展的四阶段及特征

序号	阶段名称	特　征
1	城市游离阶段	首位城市经济职能外向化迅速发展，城区逐步向外拓展；其他城市彼此之间的联系薄弱，城市化进程缓慢
2	向心发展阶段	区域综合交通体系渐次形成，外缘次级城镇与首位城市通过交通轴线的传递辐射形成经济协作关系，首位城市对周边城镇的吸引作用显著，向心集聚力明显
3	体系形成阶段	通过产业空间分工和重构，城市规模扩大，城市职能在都市圈的框架下重新定位
4	一体化发展阶段	城镇体系和城市职能分工比较明确，各城市间形成新的竞合关系，达到一种高水平的动态均衡

如纽约都市区形成与演化，就经历了明显的四个阶段。第一阶段是 1870 年以前的各城市孤立分散阶段，这一阶段人口和经济活动不断向城市集中，城市规模不断扩大，但各城市均独立发展，城市之间联系相对薄弱，众多小城市呈松散分布状态，地域空间结构十分松散。第二阶段是 1870—1920 年的区域性城市向心发展阶段。这一阶段，随着美国产业结构的变化，城市规模急剧扩大，数量显著增加，以纽约、费城两个特大城市为核心的区

① 彭劲松：《大都市圈的形成机制及我国都市圈的构建方略》，载于《城市》，2007 年第 12 期。

域城市发展轴线形成，区域城市化水平提高。第三阶段是1920—1950年的大都市带雏形阶段。这一阶段，美国社会经济发展进入工业化后期，城市建成区基本成型，中心城市规模继续扩大，在单个城市中的人口和经济活动向心集聚达到顶点的同时，城市发展超越了建成区的地域界线，向周边郊区扩展，逐渐形成大都市区。第四阶段是1950年以后的大都市圈一体化成熟发展阶段。这一阶段，科技迅猛发展，交通和通讯发生革命，城市的产业结构不断升级换代，城市郊区化的出现，导致都市区空间范围扩大，并沿着发展轴紧密相连，大都市带自身的形态演化和枢纽功能逐渐走向成熟，波士顿、纽约、费城和华盛顿四大都市群横向蔓延，相互连接，最后发展为跨越数州的大都市圈。

第二章

重庆大都市区的空间结构及定位分析

一、重庆大都市区空间界定及发展阶段

（一）空间范围界定

都市区的发展，既是城市化、工业化推动的结果，同时也是政府主动规划的产物。都市区的发展，在不同的时期、不同的发展阶段，其空间范围也不一样。作为一个或多个中心城市和与其有紧密社会、经济联系的邻接城镇组成，都市区是具有一体化倾向的协调发展区域，是以中心城市为依托，以发达的联系通道为基础，吸引辐射周边城市与区域，并促进城市之间的相互联系与协作，带动周边地区经济社会发展，可以实施有效管理的区域。

因此，是不是都市区的组成部分，其实可参考两个重要衡量标准：一是与都市区的中心城区有无紧密的经济社会联系与协作关系，且这些区域应能够与都市区实现一体化的有效管理；二是其他城镇与中心城区有较为发达的交通联系，可以实现点对点的快速通勤。

重庆直辖后，围绕重庆大都市区的规划建设，有三次比较重要的官方表述。

一是都市发达经济圈的提出。2000 年，重庆市第一次党代会根据全市各大区域经济地理特征和经济社会发展现状，遵循地域分工和区域经济发展规律，按照中央“四大任务”的客观要求，提出了规划建设都市发达经济圈、渝西经济走廊、三峡库区生态经济区的“三大经济区”。其中都市发达经济圈是指重庆主城九区的行政区域，面积 5 473 平方公里，是长江上游经济区的核心区和承载主体。

二是一小时经济圈的提出。2006 年 12 月，时任重庆市委书记的汪洋首

次在重庆经济工作会议上提出“一小时经济圈”概念，提出计划用15年的时间打造西部最大的城市群，重庆大都市圈突破明月山、缙云山两山阻隔，对外轴向生长，以重庆主城为核心的西部大都市圈轮廓逐渐清晰。“一小时经济圈”是指以主城九区为核心，包括周边一小时交通范围内所覆盖的涪陵区、长寿区、江津区、合川区、永川区、南川区、綦江区、大足区、潼南县、铜梁县、荣昌县、璧山县等21个区县，面积2.87万平方公里，占全市总面积的34.8%。

三是五大功能区的提出。2013年9月，中共重庆市委四届三次全会出台了《中共重庆市委、重庆市人民政府关于科学划分功能区域、加快建设五大功能区的意见》，在综合考虑人口、资源、环境、经济、社会、文化等因素的基础上，将全市划分为都市功能核心区、都市功能拓展区、城市发展新区、渝东北生态涵养发展区、渝东南生态保护发展区五个功能区域。其中将重庆“一小时经济圈”按其功能要素特征进一步细化为都市功能核心区、都市功能拓展区、城市发展新区。明确表示，都市功能核心区、都市功能拓展区、城市发展新区，是国家中心城市的功能载体。

无论是政府层面，还是实际操作层面，对重庆大都市区的认识与规划，都是一个渐进细化和提升的过程，这其实也与重庆大都市区的不断发展并成熟的过程暗合。

纵观重庆大都市区城市空间结构变动，可以用四个阶段来概括，如表2-1所示。

表2-1 重庆大都市区发展的四阶段及特征

序号	阶段名称	特 征	时间
1	城市游离阶段	重庆中心城区经济职能外向化迅速发展，城区逐步向外拓展；其他城市彼此之间的联系薄弱，城市化进程缓慢	20世纪80年代
2	向心发展阶段	以高速公路网为代表的综合交通体系渐次形成，外缘次级城镇与重庆主城，通过交通轴线的传递辐射形成经济协作关系，主城对周边城镇的吸引作用显著，向心集聚力明显	21世纪前十年
3	体系形成阶段	通过产业空间分工和重构，重庆主城的城市规模扩大，城市职能在都市圈的框架下重新定位	“十二五”初至“十三五”中期
4	一体化发展阶段	城镇体系和城市职能分工比较明确，各城市间形成新的竞合关系，达到一种高水平的动态均衡	至2023年前后

从1997年重庆成为直辖市至“十五”初期，是重庆对“单列市的体制、直辖市的牌子、中等省的架构”形态的适应期和过渡期，重庆城市化发展还处于积蓄力量的初期，大城市与大农村并存，区域发展极不平衡，重庆主城区与其他区域的交通联系十分脆弱，加之大山大江阻隔，重庆大都市圈辐射带动能力仅限于主城九区和周边与主城邻接的少数几个县城。

直辖十多年来，重庆已经走过了“打基础、建平台、增后劲”的重要阶段，全市经济发展整体进入“求突破、增实力、上台阶”的新阶段，随着重庆“二环八射”高速公路网和重庆轨道交通多条线路的建成投入运营，重庆大都市区的核心城区（母城）的扩散作用明显超过集聚作用，主城向外的扩张辐射效应十分明显。以与主城区一小时车程为通勤距离的周边区县，与主城的互动协作关系开始深化，重庆大都市区的向心发展趋势十分明显。

从发展态势和资源禀赋来看，以重庆主城区为中心城市，以其他城镇为协作城市、关联城市，以高速公路、高速铁路、城际轨道等交通设施为联系方式的圈层式大都市区已经初步形成。本书认为，重庆大都市区是一个经济交流区、城市协作区，以车程为一小时计，且与作为中心城市的重庆主城区有着紧密协作联系的城市，均可纳入重庆大都市区范围。因此，从市场经济协作层面看，重庆大都市区除了包括传统意义上的行政区域范围内的21个区县外，还包括与重庆邻接或地理相近的四川遂宁、广安、泸州，贵州的遵义等地级市中的部分区县，它们在机械制造、农产品加工和物流市场建设等方面，与重庆主城区及各相邻区县有着十分紧密的协作关系，可视作重庆大都市区的外围辐射区。

都市区极核对外的辐射与扩散，会随着距离的大小而出现衰减，根据都市极核对外围城镇吸引力的大小，一般以相对主城中心的距离在20公里以内区域，可划为都市区的核心层；距主城中心的距离在20~80公里以内区域，可划为都市区的外围层；在80~120公里以内的区域，可划为都市区的拓展层。根据重庆大都市区各城镇的空间分布以及调控能力，可将重庆主城九区划为重庆大都市区的核心层，将其余12个区县划分为外围层，而与重庆有着紧密联系的四川、贵州的市县与邻接的区县划分为拓展层。

重庆大都市区以主城区为发展极核，通过环射相连的高速公路和铁路将周边区县城与重庆主城区有机串联，对周边的向心吸引力十分显著，各区县依托日臻完善的交通基础设施，依托主城的资金、人才和市场，进行相应的产业结构调整，不少区县将融入主城作为本地区的一个重要发展战略。

重庆大都市区各城市主要情况（2012年）见表2-2。

表2-2　重庆大都市区各城市主要情况（2012年）

区县	常住人口（万人）	城镇化率（%）	地区生产总值（亿元）	人均地区生产总值（元）	建成区面积（平方公里）
渝中区	64.93	100.00	766.0	118 921	18.38
大渡口区	32.65	96.29	127.1	39 570	34.26
江北区	81.02	94.14	527.8	66 519	57.09
沙坪坝区	108.07	93.31	658.1	61 966	99.15
九龙坡区	114.77	89.87	776.3	68 578	101.71
南岸区	81.46	93.22	465.6	58 035	72.35
北碚区	74.52	77.38	334.8	45 663	56.78
渝北区	143.32	76.95	879.3	62 372	147.72
巴南区	94.62	76.14	420.8	44 749	62.12
涪陵区	109.84	59.28	630.5	57 794	52.7
长寿区	78.72	56.96	336.4	42 852	48.47
江津区	125.35	59.09	426.0	34 043	52.5
合川区	131.61	59.25	347.5	26 443	39.84
永川区	105.06	60.32	402.7	38 442	52
南川区	54.26	51.20	176.2	32 612	18.21
綦江区	107.87	52.16	286.7	26 610	35.98
大足区	73.33	47.32	246.7	33 727	23.45
潼南县	64.40	42.00	162.7	25 301	17.18
铜梁县	60.37	44.87	226.2	37 545	25.4
荣昌县	66.97	44.50	229.8	34 387	25.5
璧山县	64.00	45.86	252.9	40 929	27.67

注：数据来源于《2013年重庆市统计年鉴》和《2012年重庆市建设系统统计年鉴》。

（二）发展阶段判识

区域经济发展战略的确立与优化，与区域发展的所处阶段密切相关，正确认识区域不同的发展阶段，有针对性地制定出相应发展战略与推进方针，可以实现区域科学发展、快速发展。美国经济学家钱纳里对34个准工业国的经济发展进行实证研究，提出任何国家和地区的经济发展都会规律性地经过6个阶段，即传统社会、工业化初期阶段、工业化中期阶段、工业化后期阶段、后工业化社会、现代化社会。第二、第三、第四阶段合称为工业化阶段，是一个地区由传统社会向现代社会过渡的阶段。从任何一个发展阶段向更高一个阶段的跃迁都是通过产业结构转化来推动的。根据不同发展阶段产业演进和升级，把握时机把资本投向即将获得高速发展的新产业。

钱纳里关于经济发展阶段划分判断的主要标志是人均GDP的增长、劳动力由农业向非农产业的转化，以及增加值在各部门之间分配的变化，如表2－3所示。

表2－3 钱纳里关于工业化发展阶段的评判

发展阶段		人均GDP		总需求结构			支柱产业
		2000年（美元）	2000年（人民币）	初级产品	制造业产品	服务业产品	
前工业社会		552	2 208	38	15	47	农业
工业化社会	工业化前期	1 104	4 416	21	24	55	食品、烟草、采掘、建材
工业化社会	工业化中期	2 208	8 832	9	36	54	重化型制造业
工业化社会	工业化后期	4 417	17 668	4	34	62	新兴服务业
后工业化社会		8 283	33 132				技术密集型产业
现代社会		13 252	54 100				知识密集型产业

2012年，重庆大都市区的人均GDP为48 478元，采用平减指数将其折算为2000年价格人均GDP，并按2000年人民币对美元汇率折算成美元价格，得到重庆大都市区2000年价格的人均GDP约为4 182美元，重庆大都市区的三次产业结构比为6.2∶53.3∶40.5，主导产业为汽车制造、电子信息

制造、大型装备制造、化工医药等制造业。重庆大都市区的规模以上工业占全市工业总量的88%以上，可用全市工业情况来分析重庆大都市区的支柱产业分布情况。2012 年，重庆市规模以上工业总产值13 104. 02 亿元，汽车摩托车制造业总产值3 540. 28 亿元，占工业总产值的27. 0%；电子信息产品制造业总产值2 193. 74 亿元，占工业总产值的16. 7%；材料制造业总产值1 966. 69亿元，占工业总产值的15. 0%；装备制造业总产值1 248. 43 亿元，占工业总产值的9. 5%；化医产品制造业总产值1 055. 64 亿元，占工业总产值的8. 1%。

以人均 GDP、三次产业结构和主导产业发展三项指标评判，重庆大都市区整体发展处于钱纳里关于经济发展六阶段划分中的工业化中期的深化阶段。可以预判，在这一阶段以技术为动力将成为重庆大都市区结构调整和经济转型升级的主要推动力，资本密集型产业将逐步成为区域发展的重要产业门类，以金融、信息为代表的现代服务业将得以蓬勃发展。

（三）城市定位演进

城市定位是立足城市自身资源条件、外部竞争环境、未来需求趋势等因素，科学地筛选城市地位的基本组成要素，合理地确定城市发展的基调、特色和策略的过程。城市定位是城市发展和竞争战略的核心，对城市赋予科学、合理和特色鲜明的发展定位，可以正确引导政府对城市发展进行调控、规划与管理，引导企业有效选择投资区位，最大化地占领目标市场，可以有效吸引外部资源和要素，最大限度地聚集资源，优化配置资源，从而有力地提升城市竞争力。

伴随着我国区域整体发展格局的演进提升，重庆城市发展定位也相应地出现了较大的变化更替。归纳起来，在半个多世纪的发展历程中，重庆城市定位大体上经历了地区级、区域级和国家级三大跃升发展阶段。

1. 地区级城市：20 世纪 50—70 年代

1954 年，中央人民政府作出《关于撤销大区一级行政机构和合并若干省、市建制的决定》，将重庆等 11 个中央直辖市改为省辖市。行政级别变化，在某种程度上削弱了重庆作为战略性城市区域的发展地位，也弱化了重庆在全国发展格局中的分量。在“一五”“二五”计划期间，重庆围绕壮大本地经济，尽早建立城市现代产业体系的要求，大力推进工业投资建设。以国家计划投资为主导，这一时期，重庆在国家计划投资布局安排下，先后投资建立了食品、轻工、纺织、能源和化工等轻重工业，如重庆肉联厂、重庆电厂、长寿狮子滩水电站等，完善了城市工业体系，为重庆城市迈进社会主义工业化初级阶段打下了基础。始于20世纪60年代的“三线”建设是国家围绕国防需要所开展一次战略性生产力布局调整，重庆作为“三线”建设的重点城市，先后发展了汽车、金属材料、船舶等产业。纵观20世纪50—70年代，重庆在国家宏观战略指引下，围绕完善自身城市功能和产业体系，以基础工业发展为先导，得以承接沿海地区企业和科研机构内迁，“三线建设”促进了重庆以汽车摩托车为主的机械工业、以天然气化工为主的化学工业、以钢铁和铝材为主的冶金工业三大支柱产业的迅速崛起，重庆城市定位体现为重工业基地和沿长江地区的工商业城市。

2. 区域级城市：改革开放之初至20世纪90年代中期

改革开放后，重庆凭借在“三线建设”所打下良好的工业基础，特别是军工基础，开始了新的城市发展转型提升。1980年，国务院对重庆城市总体规划的批复是：长江上游经济中心、水陆交通枢纽和对外贸易港口。1983年2月，中央批准重庆市为全国第一个经济体制综合改革试点城市，主要是强化重庆作为长江上游经济中心的作用。1994年10月，时任中共中央总书记江泽民视察重庆，并做了“努力把重庆建设成为长江上游的经济中心”的题词。重庆作为区域性的经济中心，其辐射力和带动力已经超过了本地区范围，成为长江上游地区重要的经济增长极，城市定位提升到区域性层面，已经得到了中央政府的认可和鼓励。这也标志着重庆从单一制造业基地的定位，向工业、交通、贸易等复合城市功能建设迈进，城市经济辐射与影响力得以进一步巩固提升。

3. 国家级城市：重庆直辖之后至21世纪前十年

为进一步深入推进西部大开发，搞好三峡工程建设，重庆被批准成为我国第四个直辖市。重庆直辖之后，政治地位和经济影响力得以进一步提升，城市各项事业发展步入良性快速发展轨道。2007年3月8日，胡锦涛同志在参加十届全国人大五次会议重庆代表团审议时指出，要把重庆加快建设成为“西部地区的重要增长极”，成为“长江上游地区的经济中心”，成为“城乡统筹发展的直辖市”三大定位。

2009年1月26日，国务院颁发了《国务院关于推进重庆市统筹城乡改革和发展的若干意见》（国发〔2009〕3 号文件），将重庆市的改革发展上升为国家战略。这份文件对重庆经济发展提出了若干重要的定位表述：长江上游地区综合交通枢纽和国际贸易大通道，内陆出口加工基地和扩大对外开放的先行区，国家重要的现代制造业基地，长江上游科技创新中心和科研成果产业化基地等，长江上游生态文明示范区，“会展之都”“购物之都”和“美食之都”，区域商贸会展中心，中西部地区循环经济发展示范区。2007 年，国务院正式批准重庆市设立全国统筹城乡综合配套改革试验区；2010 年，我国内陆地区唯一的国家级开发开放新区，也是继上海浦东新区、天津滨海新区后，由国务院直接批复的第三个国家级开发开放新区——重庆两江新区正式挂牌成立。诸多内外在因素表明，重庆发展已经逐步上升为国家发展战略的一部分，重庆的定位已经进入国家战略的视线。

重庆直辖以后，重庆进入国家战略视野层面，重庆的发展正成为我国新时期发展的一个重要缩影和试验田，成为国家战略的一个组成部分。重庆城市定位此时上升到国家级。（如表 2－4 所示）

表 2－4　重庆城市定位发展演进关系

城市定位	所处时期	主城建成区面积	城市人口
地区级	20 世纪 50－70 年代	30 平方公里	30 多万
区域级	改革开放之初	约 75 平方公里	170 多万
区域级	直辖之初	约 161 平方公里	200 万
国家级/国际级	21 世纪前 30 年	约 700 平方公里	650 万
国家级/国际级	21 世纪中叶	1 188 平方公里	1 200 万

二、重庆大都市区战略定位取向

（一）背景分析

对重庆未来城市发展的终极定位思考，需要结合国家和重庆市对城市发展的设计与布局。在重庆城市定位与职能演进发展过程中，比较引人注目，也比较有意义的应是国家中心城市的提法。国家中心城市是在全国范围内具备引领、辐射、集散功能的城市，在经济、政治、文化、社会等多个领域具有全国性重要影响，能代表本国参与国际竞争的城市。

重庆作为国家中心城市，并在这个基础上推进大都市区的整合发展，其意义更显得非凡和特殊。而以国家级中心城市来考量重庆城市发展演进趋势及终极定位，具有十分重要意义。关于重庆作为国家级中心城市的定位表述，有如下几种：

一是在2010年2月，在国家住房和城乡建设部（以下简称“住建部”）《全国城镇体系规划（2010—2020年）（草案）》中，拟将北京、天津、上海和广州确定为国家中心城市，将重庆由区域性中心城市提升为国家中心城市。

二是在2011年的重庆市政府工作报告中提到，重庆要实现基本建成西部地区的重要增长极、长江上游地区的经济中心和城乡统筹发展的直辖市，在西部地区率先实现全面建设小康社会目标。主要标志之一是：建设特色鲜明的国家中心城市，成为集聚辐射功能强大的经济中心。形成主城、区域性中心城市、区县城和特色中心镇联动发展的大都市连绵带，户籍人口和常住人口城镇化率分别达到50%和60%。

三是在2013年9月，中共重庆市委四届三次全会上通过的《中共重庆市委、重庆市人民政府关于科学划分功能区域、加快建设五大功能区的意见》，指出“科学划分功能区域，有利于优化强化重庆主城集聚辐射功能和成渝经济区的辐射带动作用，在服务西部大开发中发挥更重要的作用，实现国家区域发展战略意图”，“将‘一圈’细分为都市功能核心区、都市功能拓展区、城市发展新区，这是国家中心城市的载体”。

四是在2014年3月25日，重庆市委书记孙政才主持召开市委常委会议，研究《重庆市城乡总体规划（2007—2020年）深化方案》时提出完善城乡总体规划要突出几个重点，第一即要紧扣城市定位，即城乡统筹的直辖市、国家重要的中心城市之一、长江上游地区经济中心、国家重要的现代制造业基地、西南地区综合交通枢纽、美丽的山水城市。

（二）城市比较

以重庆“一小时经济圈”作为重庆都市区的建设范围，与北京、上海、天津、广州其他四个国家中心城市进行比较。（见表2-5）

表2－5　重庆与其他四大中心城市人口与面积比较

区域名称	面积（平方公里）	常住人口（万人）	人口密度（人/平方公里）
北京	16 807.8	2 069	1 231
天津	11 919.7	1 413	1 185
上海	6 340.5	2 380	3 754
重庆	28 700	1 837	640
广州	7 434	1 284	1 727

资料来源：根据国家统计局有关资料整理。

作为国家中心城市重要载体的重庆都市区，面积为2.87万平方公里，占全市总面积的34.8%，常住人口1 837万人，每平方公里的人口为640人，在五大国家中心城市中的密度最小，仅相当于上海的17%。重庆都市区中，山地面积占43.2%，丘陵占44.7%，台地和坪坝占10.9%，用地条件在重庆境内是最好的，长江、嘉陵江和乌江从境内穿过，水资源丰富。从人口容量来看，重庆都市区还有较大的拓展空间。

2012年，重庆都市区创造国内生产总值8 827亿元，仅相当于北京的49.4%、上海的43.7%，人均地区生产总值仅相当于其他四个城市的40%~50%的水平。从地方财政一般预算收入指标来看，重庆还处于百亿级规模，仅相当于北京的24.2%、天津的45.6%、上海的21.4%、广州的72.8%。从投资、消费和净出口等经济增长的三大动力来看，重庆都市区进出口和消费两项指标仍处于末位，而投资指标则高于北京、上海和广州，略低于天津。作为西部年轻的直辖市，重庆处于大发展、大建设、上台阶的阶段，依靠投资拉动经济发展的特征十分明显。（如表2－6所示）

表2－6　重庆大都市区与其他四大国家中心城市主要经济发展指标比较

区域名称	地区生产总值（亿元）	人均地区生产总值（元/人）	地方财政一般预算收入（亿元）	固定资产投资（亿元）	进出口总额（亿美元）	社会消费品零售总额（亿元）
北京	17 879	87 475	3 314.93	6 112.37	4 081.07	7 702.80
天津	12 894	93 173	1 760.02	7 934.78	1 156.34	3 921.40
上海	20 182	85 373	3 743.71	5 117.62	4 365.87	7 412.30
重庆	8 827	48 478	802.74	6 837.49	520.07	3 201.60
广州	13 551	105 909	1 102.25	3 758.39	1 171.31	5 977.27

资料来源：根据国家统计信息网有关数据整理，其中广州数据来源于《2013年广州统计信息手册》，此表中重庆系指重庆大都市区。

自重庆市直辖以来，大力推进以高速公路、铁路为骨干的区域交通体系建设。2012 年，全域建成高速公路 1 909 公里，形成了“二环八射多联线”的路网布局。其中，“二环”指内环快速路和绕城高速公路，“八射”为成渝高速、渝遂高速、渝武高速、渝邻高速、渝宜高速、渝湘高速、渝黔高速、渝泸高速八条公路；全域铁路形成了六干线和二支线，六干线为成渝线、渝黔线、襄渝线（含复线）、达万线、遂渝线、渝怀线。重庆与其他四大国家中心城市交通基础比较情况见表 2－7。

表 2－7　重庆与其他四大国家中心城市交通基础设施比较

区域名称	高速公路里程（公里）	密度（公里/百平方公里）	铁路运营里程（公里）	密度（公里/百平方公里）
北京	923	5. 62	1228	7. 31
天津	1 103	9. 27	867	7. 29
上海	806	12. 71	461	7. 32
重庆	1 061	3. 7	1028	3. 58
广州	684	9. 2	–	–

资料来源：根据各城市统计年鉴整理计算。

（三）存在问题

从区域发展总体战略来看，重庆大都市区应成为我国西部大开发率先崛起的长江上游地区经济增长极，引领我国内陆经济发展的第一“发动机”。但与其他大都市区相比，重庆大都市区处于体系形成期，区域整合发展还存在一些需要改进和优化的问题。

1. 城镇层次结构不尽合理

在重庆大都市区中，有大中小城市 13 座，其中特大城市 1 座（重庆主城区）、中等城市 4 座（长寿、江津、合川、永川）、小城市 8 座，还有小城镇若干。2012 年，重庆主城区的城区人口达到 692. 55 万人，第二大城市为合川，城区人口 77. 98 万人，重庆大都市区的城市首位度达到 10 以上。一般而言，城市首位度小于 2 表明结构正常、集中适当；大于 2 则表明有结构失衡、过度集中的趋势。主城为核心的都市区作为超大城市，首位度太高，城镇体系分布很不健全，存在明显的断裂点，在城市发展中，特大城市孤立发展，缺乏大城市支撑，没有缓冲的中等城市，致使首位城市与其他城市之间难以形成等级扩散之势。重庆大都市区 13 座城市城镇人口情况见表2－8。

表２－８　重庆大都市区城市人口与面积（单位：平方公里、万人）

城市名称	面积	城区面积	建成区面积	城镇人口
主城区	5 473	2725	649.56	692.55
涪陵区	2 946	463	52.7	65.11
长寿区	1 424	75	48.47	44.84
江津区	3 200	343	52.5	74.07
合川区	2 356	200	39.84	77.98
永川区	1 576	466	52	63.37
南川区	2 602	377	18.21	27.78
綦江区	2 748	435	35.98	56.26
大足区	1 442	123	23.45	34.70
潼南县	1 583	208	17.18	27.05
铜梁县	1 334	67	25.4	27.09
荣昌县	1 079	188	25.5	29.80
璧山县	915	124	27.67	29.35

资料来源：根据《2013 年重庆市统计年鉴》和《2012 年重庆市建设系统统计年鉴》有关数据整理。

2．区域发展的差异较大

作为重庆国家中心城市载体的都市功能核心区、都市功能拓展区和城市发展新区等都市功能“三区”，总面积占全市的 34.8%、人口占全市的 62.0%、生产总值占全市的 77.4%，是全市经济发展的重点区域，但都市功能“三区”内部的工业化、城镇化发展水平参差不齐，如表2－9 所示。

表2-9 都市功能“三区”主要发展指标（单位：元、%）

“三区”名称	人均GDP	产业结构	工业化率	城镇化率
都市功能核心区	70 283	3.5:51.7:44.8	37.0	93.7
都市功能拓展区	54 308	22.8:42.1:35.1	51.6	76.8
城市发展新区	36 745	29.7:34.0:26.1	50.1	53.5

资料来源：重庆市统计局，以上数据口径为：都市功能核心区包括渝中、大渡口、江北、沙坪坝、九龙坡、南岸6区；都市功能拓展区包括北碚、渝北、巴南3区；城市发展新区包括涪陵、长寿、江津、合川、永川、南川、綦江、大足、潼南、铜梁、荣昌、璧山12区县。

从以上指标评判，都市功能核心区已经进入到后工业化阶段，而都市功能拓展区处于工业化中期的加速阶段，城市发展新区总体上还处于工业化的前期阶段。作为国家中心城市的都市功能“三区”，其发展进程各不相同，这种区域发展的差异所导致的结果是：作为发展领头羊的主城区，现阶段其城市的极化效应远远大于扩散效应，都市区其他地区的资金、人才和资源，不断被吸引进入主城地区，形成先进地区越进步越快，落后地区发展更加举步维艰的局面。

3. 整合发展的政策境遇不同

作为重庆市的主城9区，在城市建设与产业开发中，多数项目能够在市级政府的主导下进行，其政策执行力度和推进强度均大于非主城区地区，因此，重庆主城区无疑是重庆都市区率先发展、先行发展、引领发展的区域。而都市区的其他地区，如重庆渝西等区县，在发展中既没有享受到主城区的发展红利，也没有享受到国家和地方对本地的扶持。直辖以来，重庆市委、市政府将工作重点主要放在了三峡移民和库区建设上，专门出台政府支持渝东北、渝东南发展，库区开发和万州第二大城市建设等政策措施，对这些地区在政策、资金、人力资源等各个方面提供了大力支持。渝西地区长期处于一种自然发展状态，上级政府对渝西地区的投入力度和资金数量远远不如其他地区，多年来，没有一个像样的特大项目落户渝西地区，这制约了渝西地区的发展。从“十五”以来的数据看，渝西地区占全市经济总量的比重由2002年的27.1%，逐年下降到2012年的24.1%。在渝西的10个区县中，既有区的建制，也有县的建制，还有两个省级经济开发区，体制较为复杂。因为区县及开发区的体制不一样，享受到的政策也有所区别。如金融机构的一些资金配额只分到区，不分配到县，从而导致区比县获得的资源更多，发展速度更快，大足、綦江建区后的发展就最好的例子。一些外来投资者，也更愿意将项目摆放在“区”里，而不是“县”中，这在一定程度上影响了县的发展。

4. 城市发展的创新能力仍有待加强

区域发展的驱动力，一般是由投资拉动、资金拉动过渡到创新拉动的高级阶段。2012 年，重庆市全年 R&D（即研究与试验发展）经费支出 159.8 亿元，占全市地区生产总值的 1.4%。按国际社会用 R&D 投入强度指标对地区科技创新能力进行衡量，重庆低于全国平均水平，城市创新能力仍处于比较弱的阶段。重庆国家级科研大院大所数量少，是导致中央级政策性资金对重庆地方 R&D 投入少的原因。从监测数据上来，重庆城市创新的投入力量主要由少数行业和少数大型企业的重点项目在支撑，而这些企业创新项目完成，一旦后面没有新项目及时跟进，整个重庆的 R&D 投入就会明显回落，创新的“孤岛”现象突出。产学研结合是城市创新体系建设中的重要内容，但重庆在这方面真正成功的案例并不多，以对重庆通信设备、交通运输设备、医药和仪器仪表制造四个战略性产业调查为例，这四个产业在 R&D 项目的联合开展方面，企业与科研机构以及高校的合作仅占 11.9%，创新绝大部分均由企业独立或与企业合作完成，与高校和科研机构合作明显不够。

（四）战略定位

国家中心城市一般是综合实力最强、集聚辐射和带动能力最大的城市代表，也是全国性的经济中心、文化中心、科教中心和对外交往中心。在经济全球化迅猛发展的今天，我国作为一个正在崛起的新兴大国，需要有若干参与国际合作和竞争、引领我国主要经济区域发展的国家中心城市，它们不仅要有重要的国内影响力，也应具有很强的国际竞争力。国家住建部在考虑国家中心城市建设的过程中，重点考虑了综合经济能力、科技创新能力、国际竞争能力、辐射带动能力、交通通达能力、信息交流能力、可持续发展能力七个方面的评估指标。北京、上海、天津和广州四个国家中心城市的定位均凸显了服务国家战略的意义（见表2-10）。

表2-10 四个国家中心城市的定位与功能

城市名称	城市终极定位	职能定位
北京	国家首都、世界城市	国际政治文化中心、科教中心，国际交通枢纽，国际总部基地
上海	国际化大都市、亚洲地区的金融中心	国际航运中心，国际金融中心，国际贸易中心，国际经济中心等
天津	北方经济中心、国际港口城市、生态城市	国家级重大产业基地，高新技术研发产业化基地，国际航运物流中心
广州	面向世界、服务全国的国际大都市，综合性门户城市	现代服务业和制造业基地，全国重要的购物中心和世界重要的采购基地，华南文化教育中心、知识创新中心

这四个国家中心城市的终极定位与职能定位，均承担着国家和大区域性的重要功能，在经济发展、要素整合、科技创新、对外交流等领域发挥着重要作用，对周边产生重要影响。

根据2011年《重庆市城乡总体规划》修订版，重庆主城区建设总用地为1188平方公里，人口达到1240万。从城市人口和城市建成区面积来看，重庆在城市空间建设完成之时，将成为与纽约、东京等世界城市体量相当的巨型城市。特别是重庆作为我国五大国家中心城市之一，并且是西部内陆唯一的国家级中心城市，重庆有可能也应当在承载国家级战略功能的基础上，向国际级城市迈进。

重庆主城建成区面积以及人口将在现有的基础上翻一番，城市规模的扩大、城市影响的持续提升，将推动重庆与国际各大城市的交流，重庆城市定位将由国家级跃升到国际级。重庆也更多地以国家中心城市代表国家参与到全球范围的产业和市场分工、要素整合和竞争。基于这一考虑，21世纪中叶，也就是新中国成立100周年前后，重庆将打造成为经济繁荣、社会和谐、环境优美，具有国际影响力的国际化大都市，成为名副其实的国家级中心城市，这也是重庆城市发展的终极目标。

那么具体而言，在重庆通过建设西部都市区支撑国家中心城市的过程中，其战略定位需要结合自身资源禀赋、发展区位、外在竞争环境等条件，更应结合我国新时期发展战略，使重庆的发展自觉地成为国家战略的一部分。在此背景下，对于重庆城市的战略性定位，应集中体现以下在四个方面。

1. 引领西部大开发的战略引擎

西部大开发是21世纪初我国立足国情变化做出的一项战略调整，西部大开发在我国区域发展总体战略进程、构建和谐社会和可持续发展进程中具有重要地位，是我国由东部沿海地区优先发展战略向区域均衡发展战略转变的重要标志，是全面建设小康社会、确保现代化建设第三步战略目标胜利实现的重大部署，是促进各民族共同发展和富裕的重要举措。西部地区的繁荣、发展和稳定，事关西部各族人民群众的福祉，事关我国现代化建设和全面建设小康社会的全局，事关中华民族的伟大复兴。

西部地区地域面积广大，发展的资源禀赋、自然条件不均衡，未来十年西部大开发的建设将进入承前启后、纵深突破阶段，西部大开发的战略也必须由全面推进向重点地区、重点城市纵深推进转变。只有由重点地区、重点城市引领，西部大开发才能取得最终成果。重庆作为西部地区的重要中心城市，也是全国重要的重工业基地，具有承东启西的特殊战略地位，无论从区位条件、资源禀赋，还是从产业基础多方面考察，重庆完全有能力也有必要承担起在新时期引领西部大开发向纵深方向推进的龙头作用，成为强力推进西部大开发的战略引擎。

2. 内陆地区开发开放的战略高地

从大的区域格局来看，对外开放一直是东部沿海地区的“先天优势”，据2012年统计测算，在按境内目的地和货源地分的全国进出口总额中，西部12省市区仅占5.96%，西部外商投资企业年底注册登记数为36 686户，投资总额为2 567亿美元，分别占全国地区总量的8.33%和1.61%，我国内陆地区探索新的开放思路，构建新的开放格局，还亟需破题。

近十年来，重庆着眼于区域化、差异化发展，着眼于开放型经济建设，不断创新工作方式，打造内陆地区的开发开放高地已经取得了阶段性成效。2012年，重庆进出口跨上500亿美元台阶，达532亿美元，增长82.2%，从全国第17位升至第11位，出口升至第10位，列中西部第一。服务贸易81亿美元，增长32%，列中西部第一：实际引进外资达106亿美元，世界

500强企业落户225家，在中西部名列前茅。实际对外投资9.09亿美元，增长66.48%，从第17位升至第13位。重庆市利用外资从2007年10亿美元到2012年跨上100亿美元台阶，5年增长10倍；进出口从2010年的124亿美元到2012年超过500亿美元，两年超越东部十年发展历程。重庆先后获取全国外贸优化布局城市、现代服务业发展试点城市、国家外贸转型升级示范基地、国家东桑西移蚕桑基地、国家电子商务示范基地等称号。

未来，重庆作为内陆地区的唯一国家中心城市、直辖市，必须进一步将探索内陆全面开发开放作为一项重要的战略任务，加快培育跨境贸易电子商务等外经贸竞争新优势，推进贸易、投资、金融、税收等创新和政策试点，打造贸易便利化投资大环境，探索建立外商投资准入前国民待遇和负面清单管理模式，以两江新区、两个保税区、四个国家级开发区以及各区县特色产业园区为载体，创新招商工作，培育战略性产业集群，积极争取自贸区政策在重庆落地，率先在西部形成具有典型示范意义的内型开放战略高地。

3. "长江经济带"与"新丝绸之路经济带"融合发展的战略枢纽

十八大以来，党中央、国务院着眼于新时期统筹国际国内发展大局，着力构建对外开放新格局，高瞻远瞩提出建设丝绸之路经济带、21世纪海上丝绸之路，以及依托长江黄金水道打造中国经济转型升级支撑带的宏伟战略。这将有利于新时期深入推进西部大开发，有利于促进东中西协调发展，有利于促进内陆开放，有利于扩大内需和促进长江流域产业升级，对于实现中华民族伟大复兴的中国梦具有十分重要的战略意义。

一方面，重庆与上海、南京、武汉同作为长江经济带重要的中心城市，作为流域型经济带，重庆是长江上游最具备区域性航运中心条件的港口，重庆已形成300万吨集装箱的吞吐力，其一半的货运量来自周边的四川、贵州等省份。依托重庆港为枢纽，对云贵川的辐射影响甚大。重庆已有较好的产业基础、较强的科技实力、广阔的经济腹地，又是长江上游地区最大的综合交通枢纽，确立重庆的枢纽地位，也有利于促进长江经济带产业转型升级，打造中国经济升级版的支撑带。

另一方面，起于重庆团结村，经新疆阿拉山口、哈萨克斯坦、俄罗斯、白俄罗斯、波兰到德国杜伊斯堡的"渝新欧"国际联运大通道已经运行三年时间，目前已经形成比较稳定的公共班列运输。去程货源以重庆造 IT 产品为基础，同时汇集西南、华中、华南、华东地区的各类货源。回程货源以欧洲及沿线汽车零部件、医药、食品、机械设备、化工产品等高附加值产品为主。国家口岸管理办公室批准重庆团结村铁路集装箱中心站作为铁路口岸临时对外开放，这是中国西部内陆地区唯一对外开放的铁路口岸。“渝新欧”国际联运大通道的运行时间比从铁海联运（经渝深铁路出海至欧洲）或江海联运（经长江水运至上海出海至欧洲）节约了 20 天左右的时间，运行路程比北线铁路通道（经满洲里出境，途经俄罗斯、白俄罗斯、波兰到德国）减少 1 000 公里以上，辐射区域相较于欧亚第二大陆桥（中国江苏连云港经新疆阿拉山口至荷兰鹿特丹）以中国西部及长江以南区域为主。“渝新欧”国际铁路联运大通道与丝绸之路经济带战略完全吻合，将重庆作为丝绸之路经济带的起点，既能串联中国西部内陆各省区，又能贯穿丝绸之路经济带上的国家，实现中国内陆地区与欧洲市场之间的直通。

综上所述，将重庆打造成为“长江经济带”与“新丝绸之路经济带”两带融合发展的战略枢纽，是重庆承载国家战略的重要选择，是重庆区位特色所决定，也是重庆多年来厚积薄发的结果。

4. 国家级淡水资源战略储备库

淡水资源是自然资源的重要组成部分，是不可替代的宝贵自然资源，是一切生命之源。淡水资源对推进经济社会发展具有重要作用，是战略性经济资源，是综合国力的组成部分。我国淡水资源总量为 28 000 亿立方米，占全球水资源的 6%，仅次于巴西、俄罗斯、加拿大，居世界第四位，但从人均占有量来看，我国人均淡水资源只有 2200 立方米，仅为世界平均水平的 1/4、美国的 1/5，在世界列 121 位，是全球 13 个人均淡水资源最贫乏的国家之一。扣除难以利用的洪水泾流和散布在偏远地区的水资源外，中国现实可利用的淡水资源量则更少，仅为 11 000 亿立方米左右，人均可利用水资源约为 900 立方米，并且其分布极不均衡。

生态安全已经成为中华民族实现伟大复兴道路上一个重大问题。党的十八大提出“建设五位一体总体布局”，将生态文明摆在了前所未有的高度。重庆因三峡水库修建而直辖，三峡库区最终蓄水位在 175 米高程下，水库全长 663 公里，水库总库容 393 亿立方米，防洪库容 221. 5 亿立方米，是当今世界最大的水库。从长远和全局来看，重庆作为三峡库区上游的重要特大城市，保护好这一约400亿立方米的淡水资源不被污染，合理分配利用这一重要的淡水资源，是确保西南乃至长江中下游地区水资源与经济可协调发展的重要问题。重庆需要将以水环境保护为核心的生态战略与城市经济社会发展战略紧密结合。

第二篇

产业发展篇

第三章

传统优势产业的复兴：以摩托车产业为例

重庆市是全国重要的重工业基地，在20世纪三线建设后，重庆形成了比较完备的工业体系，一大批重工业企业在全国占有重要地位。随着竞争环境和技术条件的不断变化，一批传统优势产业开始衰落。加大对这些传统优势产业的复兴，实现老工业基地的振兴，对重庆打造西部重要的大都市区和国际化大都市意义十分重大。本章以摩托车产业为例，对重庆传统优势产业的复兴进行专题分析。

一、产业发展现状及趋势

（一）产业发展趋势

1. 全球摩托车产业发展情况

经过100多年的发展，世界摩托车产业在碰撞中整合和发展，结构体系几经调整和变迁，已经形成了相当的规模。世界摩托车生产主要集中在亚洲、欧洲和美洲，主要有三大版块：一是欧美版块，代表品牌有哈雷、宝马、比亚乔、杜卡迪、KTM等众多国际知名的高端品牌，并有着悠久的摩托车制造历史。欧美发达国家的摩托车产量有限，但技术水平和产品品质却普遍在亚洲平均水平之上，产品多为10万元以上级。二是日本版块，代表品牌有本田（HONDA）、铃木（SUZIKI）、雅马哈（YAMAHA）、川崎（KAWASAKI），这四大品牌垄断了整个日本摩托车生产行业。三是中国版块，以中小排量、经济型为主，产量约占全球产量的一半以上，多为千元级。

整体上看，当前世界摩托车产业呈现以下发展特征。

一是产量稳定增长。2006 年，世界摩托车产量为 4 484 万辆，2007 年为 4 979 万辆，2008 年下降至 4 971 万辆。2008 年爆发的全球金融危机使摩托车行业受到很大影响，本田、雅马哈、哈雷等不少国际主流品牌以及中国的不少企业都对工厂和生产线进行了大幅调整。金融危机之后，全球摩托车产量保持在 5 000 万辆左右，需求量年均增长 5%左右。

二是主体应用多元化。摩托车发展到现在，兼有交通、生产、休闲三大主体功能。从产业发展周期来分析，全球摩托车产业已经进入了后增长期，结构调整的趋势已经越来越明显。亚洲、太平洋地区传统的摩托车市场依然保持着旺盛需求，该类市场摩托车产品主要以代步为主，倾向于选择中、低档和价格较便宜的产品。由于近几年中国廉价产品的大量进入，越南、伊朗、印度尼西亚、尼日利亚等东南亚市场对摩托车的需求已渐趋饱和。与此同时，欧美和日本等发达国家和地区的摩托车市场却有逐渐升温的迹象，该类市场主要以具休闲、娱乐功能，大排量、高功率的中高档产品为主。据业内人士分析，低排量环保节能型产品（50 ~ 125 mL 左右或电动环保型两轮车）和高档大排量娱乐型摩托车产品将是全球摩托车市场的发展方向。

三是新技术逐步渗透。国际上著名的摩托车公司都拥有依靠自身技术打造的知名品牌，也都有应对标准法规不断严格的前瞻性技术储备。随着摩托车技术的发展，摩托车已成为集机械、电子、冶金、化工等诸多领域技术为一体的高新技术产品。摩托车电控燃油喷射取代化油器、摩托车的轻型化及新材料的运用、电动及其他替代能源摩托车的研发应用等代表了摩托车技术发展的新方向。随着汽摩融合发展，在汽车领域应用成熟的一些技术，如联合抱死制动技术等也开始向摩托车产品嫁接。

四是合资合作不断深化。为推进全球资源整合和抢占市场，欧美、日本和中国版块间的合作日益深化，如新大洲与本田合资，大长江与铃木合资，建设集团收购南方雅马哈的中方股权，宗申与比亚乔、哈雷进行全面合作。哈雷、标致等国际品牌摩托车企业开始在发展中国家设立专门的销售门店，开辟新兴发展中国家市场。

2. 我国摩托车产业发展情况

从 1993 年起，中国摩托车产、销量已连续 19 年居世界第一，约占世界产销量的一半以上，产品出口到世界 180 多个国家和地区，出口量连续 10 多年为世界第一。可以说，凡是有摩托车的地方，就有“中国制造”，摩托车已成为中国最具全球化特点的机电产品之一。在中小排量摩托车制造领域，中国的产品水平已和国外摩托车生产强国的水平大体相当。

近年来，随着交通方式的多元化、人民生活水平的提高、市场监管政策的日益严格，我国摩托车产销量呈逐年下降趋势。2012 年，全年产销摩托车 2 362. 98 万辆和 2 365. 07 万辆，比上年下降 12. 50％和 12. 17％，全年产销量为 2007 年以来新低。近年来，我国摩托车出口也并非一帆风顺，受 2008 年金融危机影响，出口急转直下，跌入低谷，通过近两年的努力，2011 年，摩托车出口终于突破 1 000 万辆大关。2012 年，全年出口摩托车 893. 59 万辆，比上年下降 16. 83％，比金融危机发生时的 2008 年下降 8. 6％，摩托车出口金额 48. 68 亿美元，比上年下降 4. 65％。

从产品结构来看，2012 年销售量排名前五位的二轮车品种分别为 125 系列、150 系列、110 系列、50 系列和 100 系列，分别销售 860. 98 万辆、425. 41 万辆、418. 41 万辆、177. 05 万辆和 142. 69 万辆，与上年相比，除 150 系列微增外，其他品种均出现不同程度下降。2012 年上述五种排量累计销售 2 024. 53 万辆，占摩托车销售总量的 85. 6％[①]。

摩托车历年产量情况如图 3－1 所示。

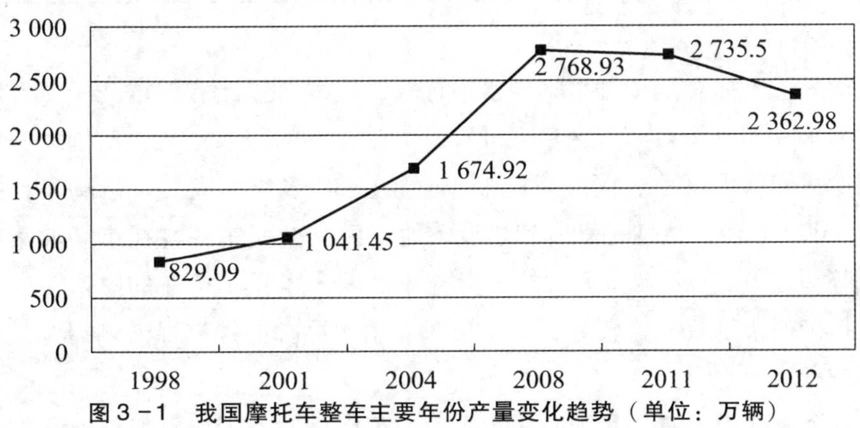

图 3－1　我国摩托车整车主要年份产量变化趋势（单位：万辆）

（注：1998－2011 年数据来源于国家统计局门户网站，2012 年数据来源于《中国汽车工业产销快讯》。）

---

① 数据来源于《中国汽车工业（摩托车部分）产销快讯》，2012 年 12 期。

从市场销售来看，截至2011年年底，全国汽车保有量为1.058亿辆，摩托车保有量为1.026亿辆，分别占全国机动车总量的47.06%和45.64%，是机动车的主要构成部分。我国每千人拥有摩托车为76辆，其他国家和地区的数据为日本是124辆，意大利是140辆，我国台湾地区是450辆，泰国是135辆，马来西亚和越南是333辆，印度尼西亚200辆。

表3-1　各国（地区）摩托车普及率比较

国家或地区	每千人拥有摩托车数量（辆）	中国大陆相比其他国家或地区
中国大陆	76	100%
日本	124	61%
意大利	140	54%
中国台湾	450	17%
泰国	135	56%
马来西亚	333	23%
越南	333	23%
印度尼西亚	200	38%

资料来源：根据网络有关材料整理。

如果千人拥有量按日本平均水平计算，国内市场还有新增几千万台摩托车的需求。如果按台湾地区水平计算，大陆市场的需求更大，我国摩托车市场依然大有潜力可挖。重庆摩托车产业经过30多年的发展，市场累计投放超过4 000万台，特别是嘉陵和建设，他们两家摩托车各自在市场的累计投放量都超过1 000万台。庞大的消费群体是重庆摩托车产业的财富，加之重庆摩托车的市场基础比较好，如果仅对老用户再次进行挖掘，就拥有上百万的消费者。

从企业结构来看，我国摩托车企业的产销量普遍下降，但行业集中度有所提升。2012年，15家企业累计生产16 711 496辆，占摩托车生产总量的70.72%，比上年提高1.82个百分点。2011和2012年两年摩托车产量前15位企业名称及产量、占比情况如表3-2所示。

表3-2　2011年和2012年我国摩托车年产量排名前15位企业产量情况

排名	2011年 企业名称	产量（辆）	占比（%）	2012年 企业名称	产量（辆）	占比（%）
1	江门市大长江集团有限公司	2 417 237	8.98	江门市大长江集团有限公司	2 139 292	9.05
2	重庆隆鑫机车有限公司	1 824 546	6.78	重庆隆鑫机车有限公司	1 742 761	7.38
3	力帆实业（集团）股份有限公司	1 747 647	6.49	力帆实业（集团）股份有限公司	1 551 448	6.57
4	洛阳北方企业集团有限公司	1 569 022	5.83	洛阳北方企业集团有限公司	1 390 505	5.88
5	宗申产业集团有限公司	1 416 323	5.26	广州大运摩托车有限公司	1 105 972	4.68
6	重庆建设摩托车股份有限公司	1 353 747	5.03	宗申产业集团有限公司	1 098 405	4.65
7	洛阳北方易初摩托车有限公司	1 148 826	4.27	洛阳北方易初摩托车有限公司	1 086 338	4.6
8	广州大运摩托车有限公司	1 093 779	4.06	重庆建设摩托车股份有限公司	1 046 939	4.43
9	中国嘉陵工业股份有限公司（集团）	1 001 286	3.72	中国嘉陵工业股份有限公司（集团）	990 642	4.19
10	重庆银翔摩托车（集团）有限公司	985 196	3.66	新大洲本田摩托有限公司	982 585	4.16
11	钱江集团有限公司	953 425	3.54	重庆银翔摩托车（集团）有限公司	963 618	4.08
12	五羊—本田摩托（广州）有限公司	900 099	3.34	五羊—本田摩托（广州）有限公司	943 618	3.99
13	新大洲本田摩托有限公司	886 468	3.29	钱江集团有限公司	828 072	3.5
14	广州豪进摩托车股份有限公司	695 758	2.58	广州豪进摩托车股份有限公司	437 661	1.85
15	金城集团有限公司	557 675	2.07	济南大隆机车工业有限公司	403 640	1.71

资料来源：根据《中国汽车工业（摩托车部分）产销快讯》相关年份资料整理。

（二）考察重庆摩托车产业发展的三个维度

1. 从历史发展进程考察

重庆市摩托车产业发展起步于20世纪80年代初，大体上可将重庆市摩托车30年的产业发展划分为四个阶段。

第一阶段：黄金发展期（1979—1994年）。1979年改革之初，适逢摩托车成为人们除自行车外的新兴出行工具，重庆人依托雄厚的军工技术，开风气之先，率先推进摩托车产业发展，引领了中国摩托车产业的崛起。重庆彼时摩托车产业一度占据全国摩托生产量的60%以上。直到1994年，重庆摩托车产销量仍占全国总量的30%以上，这个阶段是重庆摩托车产业的辉煌时期。

第二阶段：地位弱化期（1994—2002年）。20世纪90年代中期，江浙、山东等地摩托车产业发展势头强劲，占行业比重大幅度上升。受上述地区的强势竞争影响，重庆摩托车的份额开始下降，1998年下降到15.11%的低谷，产业地位出现了弱化。

第三阶段：蓬勃恢复期（2003—2008年）。在重庆市委、市政府政策大力支持下，重庆国有和民营摩托车企业并行蓬勃发展，2003年重庆摩托车产量占行业31.72%，走出了低谷。不过，2003年大长江（豪爵）登上行业产销冠军宝座，引领广东摩托车产业迅速崛起，重庆摩企的竞争对手变得更多更强。

第四阶段：徘徊发展期（2009年以后）。2003年后虽然重庆摩托车的产销量回到行业之冠，却并非是在国内市场上取得的胜利，而是得益于其出口战略。虽然重庆摩托车出口在这一时期取得了明显的成绩，但随着在国外市场大打价格战，市场售后服务体系的缺乏，国际金融危机的影响，加之对国内市场少有兼顾，大量市场被江浙、广东等地摩托车企业占领，重庆摩托车企业在国内市场局面堪忧，如图3-2所示。

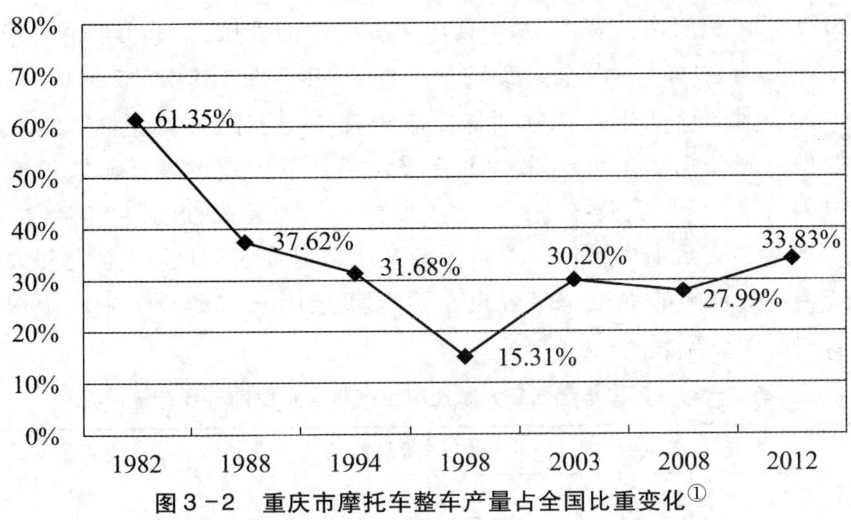

图 3－2　重庆市摩托车整车产量占全国比重变化①

2. 从全国三大版块考察

我国摩托车产业经过长期发展，已经形成了广东版块、江浙版块、重庆版块三大版块，三大版块摩托车生产量占全国的 80% 以上，在全国摩托车生产中占有极其重要的地位。三大版块 2012 年产量占比如图 3－3 所示。

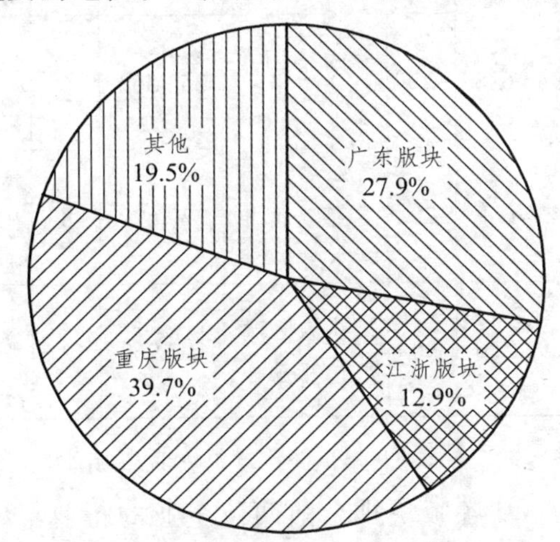

图 3－3　全国三大摩托车生产基地产量占比关系

① 1982 年、1988 年、1994 年数据来源于《摩托车信息》2009 年 7 期，《大哥，你好吗？重庆摩企的昨天、今天和明天》一文。1998 年、2003 年、2008 年数据分别根据《国家统计年鉴》《重庆市统计年鉴》整理计算，2012 年数据根据中商情报网数据整理计算。

2012年，重庆市共有19家摩托车主机生产商，19家摩托车企业共生产摩托车9 440 112辆[①]，占全国摩托车产量的39.7%，其中“2+3”摩托车企业进入全国产量前十强：分别是重庆隆鑫机车有限公司、力帆实业（集团）股份有限公司、宗申产业集团有限公司、重庆建设摩托车股份有限公司、中国嘉陵工业股份有限公司（集团）。这五家企业共生产摩托车6 430 195辆，占全国产量的27.2%，占全市产业的68.1%，重庆五大摩托车生产企业在全国的地位举足轻重。2012年全国三大摩托车生产版块企业前五名产量情况见表3-3。

表3-3　2012年全国三大摩托车生产版块企业前五名产量情况

广东版块			江浙版块			重庆版块		
排名	企业名称	产量(辆)	排名	企业名称	产量(辆)	排名	企业名称	产量(辆)
1	江门市大长江集团有限公司	2 139 292	10	新大洲本田摩托有限公司	982 585	2	重庆隆鑫机车有限公司	1 742 761
5	广州大运摩托车有限公司	1 105 972	13	钱江集团有限公司	828 072	3	力帆实业(集团)股份有限公司	1 551 448
21	五羊—本田摩托(广州)有限公司	943 618	22	金城集团有限公司	253 563	6	宗申产业集团有限公司	1 098 405
23	广州豪进摩托车股份有限公司	437 661	28	浙江台州市王野动力有限公司	229 699	8	重庆建设摩托车股份有限公司	1 046 939
25	广州天马集团天马摩托车有限公司	293 226	30	江苏众星摩托有限公司	197 962	9	中国嘉陵工业股份有限公司(集团)	990 642

资料来源：根据《中国汽车工业（摩托车部分）产销快讯》2012年第12期有关数据整理。

如表3-4所示，从各版块排名前两位企业的行业集中度分析，重庆版块与广东版块占比分别为13.9%和13.7%，重庆版块略高于广东版块，高于江浙版块5.2个百分点。用排前五位的行业集中度来分析，重庆版块的集

① 数据来源于《中国汽车工业（摩托车部分）产销快讯》，应包括母公司在外地生产基地数据，大于重庆本地摩托车产量统计。

中度达到 27.2%，高于广东版块 6.4 个百分点，高于江浙版块 16.7 个百分点。

表 3-4 全国三大版块行业集中度分析

指标	广东版块	江浙版块	重庆版块
版块前两名总计（辆）	3 245 264	1 810 657	3 294 209
版块前两名占全国比重	13.7%	7.7%	13.9%
版块前五名总计（辆）	4 919 769	2 491 881	6 430 195
版块前五名占全国比重	20.8%	10.5%	27.2%

资料来源：根据《中国汽车工业（摩托车部分）产销快讯》2012 年第 12 期有关数据整理。

3. 从全市产业地位考察

从工业总产值占比看，2012 年，重庆市摩托车行业完成工业总产值 1030 亿元，同比增长 8.1%（其中，摩托车整车完成 491 亿元，同比增长 12.4%，摩托车零部件完成 538 亿元，同比增长 4.5%）①。摩托车产业产值占全市规模以上工业总产值（重庆市规模以上工业总产值为 13 104.02 亿元）的 7.9%，占汽车摩托车工业产值（重庆规模以上汽车摩托车工业产值为 3 540.28 亿元）的 29.1%。（见表 3-5）这一组数据表明，重庆市摩托车工业不仅仅是重庆的支柱产业——汽摩制造业的重要组成部分，也是重庆工业的重要组成部分。

表 3-5 重庆摩托车产业产值占比分析

分类	总产值（亿元）	增长	占工业比	占汽摩比
全行业	1030	8.1%	7.9%	29.1%
整车	491	12.4%	3.7%	13.9%
零部件	538	4.5%	4.1%	15.2%

从财税收入贡献率看，2011 年，全市汽车工业实现利税 285 亿元，同比增长 7.41%；实现利润 170 亿元，同比增长 15.95%，其中：汽车整车实

① 数据来源于《2012 年重庆汽车工业经济运行简报》。

现利税 139.6 亿元，同比增长 0.64%；实现利润 65.5 亿元，同比增长 14.79%；摩托车整车实现利税 15.25 亿元，同比增长 13.05%；实现利润 8.9 亿元，同比增长 20.46%；汽摩零部件实现利税 127.9 亿元，同比增长 15.6%；实现利润 93.6 亿元，同比增长 17%[①]。（见表 3－6）摩托车整车对全市财税贡献不突出，但摩托车零部件产业利税增速较快，仍然是全市财税收入的重要增长点。

表 3－6　重庆摩托车产业的财税贡献分析

分行业	利税（亿元）	利税同比增长	利税占行业比	利润（亿元）	利润同比增长	利润占行业比
汽摩工业	285	7.41%	100%	170	15.95%	100%
汽车整车	139.61	0.64%	48.99%	65.5	14.79%	38.53%
摩托车整车	15.25	13.05%	5.35%	8.9	20.46%	5.24%
汽摩零部件	127.9	15.60%	44.88%	93.6	17%	55.06%

二、发展环境分析

（一）产业转型升级面临的主要问题

1. 产业政策频繁调整的影响

一是来自国家对产品技术升级的政策调整。国家先后出台了 3C 认证、生产准入，欧Ⅱ标准、欧Ⅲ标准、一车一证等措施，国家每次政策调整，都会引起市场动荡。特别是自 2010 年 7 月摩托车行业实施国Ⅲ标准以来，增加了对摩托车的设备改造提升成本投入，增加的成本相应地传导到终端，抬高了销售价格。二是来自城市的禁限摩政策。从 1995 年至今，全国有 200 个大中城市因各种原因，先后实行摩托车限行，这给当前摩托车的主体市场带来巨大冲击。三是随着发展格局的变化，汽车产业前景显得

① 数据来源于重庆市经信委门户网站。

更加明朗，对摩托车产业的关注程度则日益下降，对摩托车产业的扶持政策也趋于弱化。调研中，不少摩托车企业负责人表示，政府在财政专项资金扶持、税收减免、政策性贷款、土地供用等方面的支持力度远不如其他产业。如近三年重庆新培育的笔记本电脑产业，政府在财政补贴、融资担保、税收减免、劳动用工补贴、企业工人住房供应、企业土地供应等方面“倾囊相助”，相比之下，重庆摩托车企业所获得的政策支撑只能算是“杯水车薪”。

2. 各类替代产品的市场挤压

当前，在国内主流摩托车市场，消费者主体还是将摩托车作为一种交通工具来使用。近年来，由于各种原因，摩托车的替代交通工具层出不穷，严重威胁到了摩托车的主体地位。随着城乡居民收入水平的日益提高，出行道路等基础设施条件的不断改善，人们更加倾向于以小汽车作为机动车出行工具。近五年，摩托车占机动车的比重呈下降趋势，由 2007 年的 54. 5%下降到 2011 年的 47. 05%，而小汽车在机动车中的比重逐步上升，由 2007 年的 35. 65%上升到 2011 年的 45. 64%。由于电池等新能源技术进步带动了电动车的兴起，对摩托车形成较大产品替代。和摩托车上路比较复杂的审批程序相比，助力电动车既不用上牌照，又不用考驾驶执照，同时还不在城市摩托车限行的范围之内，相对方便实惠，抢走了相当大一部分摩托车的市场份额，在一些大城市和城郊结合部，电动车成为替代摩托车的另一个出行工具。

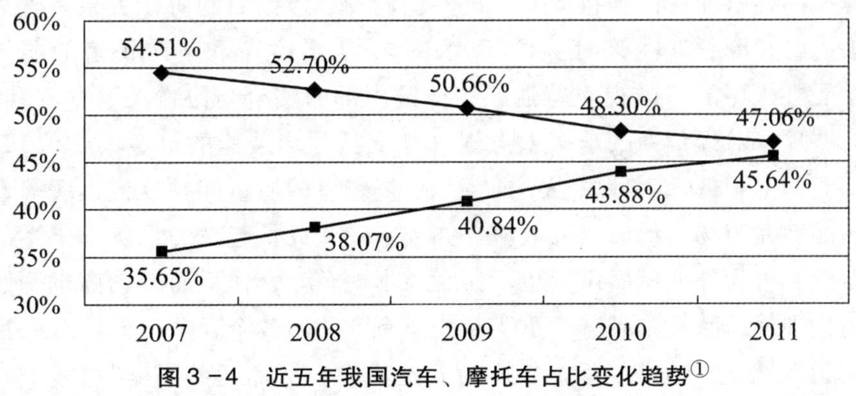

图 3-4 近五年我国汽车、摩托车占比变化趋势[①]

① 资料来源：《2011 年全国机动车和驾驶人统计分析》。

3. “低”而“散”的发展模式不可持续

总结重庆摩托车产业发展三十年历程，走的是“低”而“散”的发展模式，在市场竞争与变革日新月异的今天，重庆这种“低”而“散”的发展模式已经不可持续。

所谓的“低”，是指重庆摩托车产业的技术水平低。重庆摩托车产业早期蓬勃发展得益于军转民时期摩托车产业技术的开放，重庆雄厚军工技术人才的储备，以及改革开放时期城乡居民对摩托车作为交通工具的持续强劲需求。当时摩托车不仅是紧俏品，还是一种时髦高档消费品，产业利润超过了100%，只要能生产，就一定会畅销。在行业超额利润的吸引下，许多企业选择了组装这一最快最省的方式去占领更多的市场，而忽视了自主品牌的打造、自主开发能力建设的形成，走的是一条模仿、组装、贴牌的简单加工生产之路。时至今日，重庆许多摩托车企业成为国际品牌摩企的贴牌生产商，自主品牌处于萎缩当中。重庆摩托车企业以生产小排量摩托车产品为主，其技术依然沿用20世纪80年代日本本田公司的技术，重庆企业并不完全掌握250 mL以上排量的摩托车核心技术。据调查，重庆著名摩托车整车生产企业的代工率为30%~70%不等。重庆摩企没有形成自身强大的技术开发能力，缺乏自身过硬的品牌和独立研发能力，当市场由卖方市场变为买方市场，各企业最终只有走上“价格战”这条老路。

所谓的“散”，是指重庆摩托车行业上游产业链之间缺乏有效的协作互利共赢机制，行业内部整机商和零配件供应商、经销商的协作关系一直为业内所诟病。在摩托车生产红火的年代，作为上游生产和下游销售的弱势群体，饱受整机厂的“歧视”待遇，产业链内部的整合与协作关系并不和谐。比如有些厂家对经销商的承诺未兑现（如支持门店装修的资金不到位），给经销商利润空间低，零件供应不通畅，对消费者的质量问题反应迟缓等，都对重庆品牌在市场上形成负面效应。如今，一些成长起来的重庆本土零部件生产企业宁可为外地厂商供货也不愿意与本地企业合作，而经销商也开始选择经销代理外地摩托车品牌。重庆摩托车有产业的各个环节，但缺乏一种牢固的“链”将这些企业从上游至下游打造成一个“命运共同体”。重庆摩托车企业被称为“摩帮”，恰是对重庆摩托车企业各自为政、门户帮派观念浓厚的写照。

4．企业综合生产成本日益增高

一是企业的用工成本增高。摩托车产业作为传统劳动密集型产业，需要招收大量的一线技能型工人。受物价上涨因素影响，企业一线的普工工资由几年前的1 600～2 000元上涨到3 000元以上，而自劳动保护相关法律法规实施以后，企业还必须给企业员工交纳“五险一金”，由企业承担的部分，人均在500元左右。二是原材料成本增高。自2003年以来，钢材、橡胶、塑料和铝材等原材料普遍涨价，平均涨幅20%以上，企业的原材料采购成本也冲抵了大部分的利润。重庆摩托车行业已经进入微利时期。三是税赋成本高。相当多的摩托车配件企业是中型企业，不具备增值税纳税人资格，在对外采购和供货中，无法取得增值税发票，也不能开据增值税发票，自然相关的采购物无法得到税收抵扣，无形之中，就增加了约20%以上的成本。四是人民币升值的影响。以重庆市摩托车的主要竞争对手印度为例，公开报道显示，由于人民币持续升值及生产成本上升，造成两国摩托车在国际市场上的价差从原来的20%～30%缩小到10%左右，而在局部区域，如哥伦比亚、尼日利亚，印度摩托车已经占领原来中国摩托车的部分传统出口市场。

（二）推进产业转型升级的重要意义

1．有利于带动产业联动集群发展

重庆是全国重要的制造业基地，摩托车产业是重庆市重要的制造业。在重庆摩托车产业链中，已经有19家摩托车龙头生产企业，其中有5家是全国前10强，上规模的零部件生产企业1 000多家，已形成500万辆以上摩托车、800万台摩托车发动机的生产能力，摩托车整车生产企业如嘉陵、建设、宗申、隆鑫、力帆等，配件企业如渝江压铸、秋田齿轮等零部件生产企业，均在业内具有很高知名度。重庆摩托车产业完善的产业技术体系是长期积累的结果，这种优势短时间内其他地区无法复制。重庆摩托车产业的发展，也带动了同城的汽车整车及零部件制造、铸锻加工、钢铁等材料加工，以及金融信息、文化会展、物流商贸等产业同步蓬勃发展。

2. 有利于推进出口产品多元化

重庆摩托车还是全市重要的机电出口产品，摩托车出口量近年来稳居全国之首。2011 年，重庆市摩托车整车出口 455.40 万台，占全市产量的一半以上，出口额 190 358 万美元，占全市出口额的 10%。2012 年，受大环境影响，重庆摩托车的整车出口量为 364.83 万台，占全市产量的 40%强，出口额 165 593 万美元，占全市出口额的 4.3%。在重庆大力发展笔记本电脑加工贸易的今天，重庆摩托车产业能够取得这样的出口成绩，实属不易。继续推进重庆摩托车产业转型发展，将有效稳定重庆出口产品的多元化，为重庆推进内陆开放高地建设，提供强大的支撑。

3. 有利于稳定并促进劳动力就业

重庆摩托车产业还是一项技术兼劳动密集型产业，初步估计，在围绕摩托车产业的零部件加工、制造、物流、销售、服务产业链，大概解决了重庆 100 万人口的就业问题，占全市二、三产业就业人数的 10%左右。重庆摩托车产业已经成为当地农村劳动力转移、高校毕业生就业、国企职工下岗再就业、军队复转人员安置的主要方式。特别是摩托车主流市场分布在一般城镇，由于产品销售和售后服务的需要，有 30%以上从业人员工作地点在乡镇，这为小城镇人口就业工作开辟了一条新路，这个特点是其他任何行业都不具备的。从一定意义上讲，稳定了摩托车产业，就稳定了相当部分区县城和小城镇的就业问题。

4. 有利于维护提升重庆城市形象

重庆嘉陵作为曾经辉煌一时的中国摩托车之王，在全国拥有极大极佳的声誉，甚至一度成为摩托车的代名词。嘉陵、建设品牌广泛而深入的传播，特别是建设“重庆 CY80”摩托车创纪录的畅销，使重庆摩托车产地形象也相应地迅速传播到全国。在早期消费者心目中，“重庆造”蕴涵着“正宗”之意，“重庆造”成为中国摩托车制造的领头羊，和重庆火锅、红岩文化一样，在全国都有较高的知名度。重庆摩托车产业是重庆作为工业重镇的象征和代表。重庆打造国家级中心城市、区域性国际化大都市，除在经济规模和辐射力上具有显著优势外，还迫切需要从城市文化资源整合、城市文化形象传播等领域拓展城市的影响力，显然重庆摩托车经过三十年的积淀，无疑可成为重庆打造城市品牌和形象、持续扩大知名度的一项重要资源。

三、产业发展的总体战略

（一）发展思路

1. 总体思路

以科学发展观为指导，逐步理顺重庆摩托车产业增长速度与结构、质量、效益等的关系，逐步转变摩托车产业以加工制造、贴牌制造，以量取胜，低成本竞争的发展方式，聚焦自主创新、产能优化、资本重组、品牌建设等核心要素和关键环节，努力改善和提升重庆摩托车产业的整体素质，实现“四转型、五升级”，推动重庆摩托车产业的“华丽转身”，成为国际知名的摩托车产业基地。

“四转型”：一是向创新驱动转型。加快调整要素投入结构，大力提升自主创新能力，努力突破制约摩托车产业升级的关键技术，做强新产品开发能力和品牌创建能力，提高产业核心竞争力，促进由价值链低端向高端跃升，加快推动发展动力向创新驱动转变。二是向智能制造转型。大力推进现代信息技术在摩托车产业中的广泛应用，充分发挥信息化在摩托车产业转型升级中的牵引作用，深化信息技术集成应用，加快推动制造模式向数字化、网络化、智能化、服务化转变。三是向服务化发展转型。按照“市场化、专业化、社会化、国际化”的发展方向，大力发展金融、物流、会展、研发、信息等摩托车产业周边服务业，加快推进服务型制造，推动由卖产品向卖服务转变，不断提升重庆市摩托车产业的综合服务能力。四是向内外需并重转型。在稳定既有市场的基础上，加大市场营销网络体系建设，稳定国内传统区域市场，继续拓展国外主流及潜力市场，通过合作合资等方式，逐步扩大重庆摩托车在全球市场的占有率。

“五升级”：一是实现产业空间布局优化升级。按照全市五大功能区的要求，充分发挥区域优势和特色，引导产业有序转移和集聚发展，逐步形成与地区资源环境承载能力相适应、与市场需求相符合的区域协调发展新格局。二是实现企业结构升级。推动形成一批具有国际竞争力的大集团，扶持发展大批具有“专精特新”特征的成长型中小企业，加快形成大企业与中小企业协调发展、资源配置更富效率的企业结构。三是实现技术结构升级。紧紧抓住增强自主创新能力这个中心环节，大力推进原始创新、集成创新和引进消化吸收再创新，突破关键核心技术，完善技术创新体系，推动生产流程升级。四是实现市场结构升级。以开发新产品、提升质量、创建品牌、改善服务、提高效益为重点，实施质量和品牌战略，引领和创造市场需求。五是实现产品结构升级。以产品多元化和服务标准化为目标，新产品开发和服务能级提升并重，推进产品结构升级。

2. 总体要求

重庆市摩托车产业转型升级的总体要求：

一是坚持把提高发展的质量和效益作为转型升级的中心任务。正确处理好摩托车产业增长与结构、质量、效益等方面的重大关系，改善和提升产业整体素质，加快推动发展模式向质量效益型转变。

二是坚持把加强自主创新和技术进步作为转型升级的关键环节。努力突破制约产业优化升级的关键核心技术，增强新产品开发能力和品牌创建能力，促进由价值链低端向高端跃升，加快推动发展动力向创新驱动转变。

三是坚持把提高摩托车产业密集区发展水平作为转型升级的重要抓手。着力优化摩托车整车及零部件企业布局，推进都市核心功能区总部中心、服务中心和研发中心建设，推进都市拓展区中高端摩托车生产、研发基地建设，推进城市发展新区摩托车产业基地建设，共同推动摩托车产业布局向集约高效、协调优化转变。

四是坚持把扩大开放、深化改革作为转型升级的强大动力。充分利用本土企业在技术、人才、品牌和资金等方面的优势，积极开展对内对外交流与合作，实现内需外需均衡发展。

（二）主要任务

1. 推进产品结构调整升级

引导企业以市场为导向，以产品多元化、服务标准化的“两化”为目标，研发设计具有自主知识产权、高附加值和较强市场竞争力的新产品，着力提升摩托车周边服务业的配套服务能力，推进产品结构战略性调整，形成集模块生产供应商、部件生产供应商、零件生产供应商于一体的结构优化的产业链，实现重庆摩托车产业在产品供给方面的战略转型。

以产品多元化发展为重点，推进产品结构调整。大力发展休闲娱乐型、大排量型和新兴摩托车。重点是发展以运动休闲为主的两轮大排量（发动机排气量在 400 mL 以上）燃油摩托车，以服务聚集在大中城市的摩托车运动与爱好者群体为主；发展混合动力摩托车、纯电动摩托车和燃料电池摩托车等节能环保摩托车；发展柴油发动机摩托车；发展特种摩托车，主要包括沙滩摩托、水上摩托、雪地摩托、警用摩托、三轮摩托、摩托跑车（大赛）、越野摩托、特技摩托和拖车摩托等；稳定发展传统的小排量摩托车，重点是以城乡代步、小型运输、燃油助力、小型越野等功能为主。

大力发展摩托车周边相关衍生产品。全面推动摩托车中介服务、售后服务、回收再利用、车联网、用户信息服务、金融服务、改装等摩托车周边综合服务业发展。一是积极发展科技与信息服务业。充分利用我市汽车摩托车检测机构门类齐全的试验设备，结合众多高校的人力资源，发展高品质摩托车研发、设计、检测等第三方机构，带动全市摩托车开发能力不断提升。积极发展信息服务业，围绕摩托车整车及零部件产业，加快建设和完善科技创新、技术服务、成果转化、科技投融资等公共服务平台；大力培育信息服务业，推进生产与信息服务的深度融合；建设区域性科技服务中心、科技成果转化中心、摩托车整车设计中心、零部件研发中心，实现摩托车产业向科技创新驱动转变。二是培育摩托车连锁售后服务企业。以管理先进、价格适中、多品牌维修、单店投资小为经营理念，以连锁快修为经营模式，鼓励发展面向全国乃至世界的摩托车连锁售后服务企业。三是发展摩托车回收及再制造。出台专门政策，规范摩托车回收、拆解及再利用行业。培育龙头企业，实现回收、集中拆解、零部件再制造、网络销售一体化，带动摩托车再利用率不断提升。四是积极发展中介服务和金融服务业。积极发展为摩托车提供二手交易、维修信息、展会、赛事等服务的中介服务业。发展为高品质摩托车提供保险、金融租赁、投资活动、抵押贴现等服务的金融服务业。五是依托中国国际摩托车博览会等展会品牌，借力国际物流大通道等的建设，大力发展与摩托车相关的物流、旅游和会展等服务业。六是大力发展摩托车电子商务，在嘉陵、建设、隆鑫、宗申等企业已建立的电子商务网基础上，把摩托车零部件企业以及中小配套企业同时纳入电子商务网络，实施中小企业联网工程，推动企业利用电子商务开拓国内外市场，合力打造“中国摩托车电子商务之都”。

2. 推进产业布局调整优化

依托“一小时经济圈”的机械制造业基础，加强与《重庆市工业转型升级“十二五”规划》《重庆市城乡总体规划》的有机衔接，按照《中共重庆市委、重庆市人民政府关于科学划分功能区域、加快建设五大功能区的意见》，着力推动各类制造业密集区之间相互配套协作，推进摩托车产业的梯度转移，构建分工合理、特色鲜明、优势互补的产业空间格局。

一是依托都市功能核心区的高端服务要素，着力推进服务于摩托车产业和产品的金融、物流、旅游、会展、管理、培训及研发等摩托车周边服务业布局和发展，打造中国摩托车总部中心、研发中心及服务中心。重点是按照都市核心功能区的总体要求，着力推进各类摩托车整车及零部件企业将生产环节整体外迁，都市核心功能区只保留金融服务、信息发布、会展、技术培训及研发等功能；推进各大制造企业与高等院校、科研院所等机构联合设立研发中心和工程技术中心，把都市核心功能区打造成为摩托车及零部件总部中心、研发中心和服务中心。

二是在都市功能拓展区的九龙坡、大渡口和北碚等区域，重点发展大排量、高品质的摩托车整车和关键核心零部件制造。重点发展具有娱乐、赛事、休闲、特种用途等类型的大排量、高品质摩托车整车。同时，紧紧围绕都市功能拓展区的产业定位和总体布局，加大关键核心零部件企业的配套力度，打造成为集高品质摩托车产业的制造、科技研发、关联赛事、车型及技术发布、技术展示为一体的产业基地。

三是逐步推进摩托车产业整体生产基地向主城以外转移，在城市发展新区的永川、江津、璧山、潼南、荣昌等区县布局摩托车整车和零部件的研发及生产，将城市发展新区打造成为企业集聚度高、产业竞争力强、品牌效应明显、创新和服务体系完善的摩托车产业基地，再造重庆摩托车产业发展新优势。

3. 推进企业结构战略性调整

大企业大集团是优化行业和企业组织结构，带动产业结构调整和转型升级的主导力量。要坚持“抓大不放小”，推动整车和零部件企业建立战略伙伴关系，推进大型企业战略重组，推进有条件的企业与国际知名企业合资合作，着力构建合理的、梯队化的摩托车企业结构，推进企业结构的战略性调整。

推动整车与零部件生产企业建立战略伙伴关系。一是加大对关键核心零部件生产企业的扶持力度，为其创造良好的政策环境，在用地、财政支持、规费减免、税收优惠、贷款、项目审批的各个方面给予优惠，对通用技术的攻关项目实行特殊政策优惠，鼓励整车企业全程参与技术研发。积极引导零部件企业通过兼并和重组形成一批具有重庆优势的大型或超大型零部件企业集团，增强零部件企业在全球化背景下的竞争能力和抗风险能力。充分发挥整车企业在技术、人才和资金上的优势，采用技术订单和资本入股等方式带动整个行业的技术进步，提升行业技术水平和竞争力。

优化企业规模结构，打造世界级摩托车企业。实施“摩托车大企业大集团培育行动计划”，加大扶优扶强力度，落实重点扶持培育企业上规模奖励、突出贡献奖励等政策措施，着力培育拥有自主知识产权和知名品牌、主业突出、核心竞争力强、带动作用明显、具有较强国际竞争力的大企业大集团，打造重庆摩托车产业发展的“主体核心”。支持大企业特别是龙头企业、优势骨干企业通过技术改造、兼并重组、合资合作等多种形式做大做强，适时推动重庆摩托车企业由“5 +2”版块向混合所有制企业集团方向发展，打造一个全国乃至全世界的摩托车企业“巨无霸”，推进“世界级摩托车企业”培育工程。

4. 推进自主创新与品牌建设

推进企业产业化应用创新。大力支持摩托车制造企业利用新原理、新技术、新设计理论、新结构、新工艺、新材料、航天技术、信息技术等高新技术的基础理论和应用科学的研究成果进行技术创新。推动重庆摩托车产业追踪国际先进技术的能力，缩短重庆摩托车产业与国外先进技术产品的差距，积极开发具有较高科技水平的“重庆造”摩托车精品。重点是鼓励在摩托车设计制造中最佳参数的选择，电子计算机驾驶操纵控制技术，纳米、激光、陶瓷喷涂、镁铝、钛合金技术，电喷技术，可变系统技术，ABS 技术，车载电话和音响，自诊断技术，GPS 全球卫星定位系统，微电脑集中控制等领域进行技术开发创新。推动摩托车产业的信息化改造，积极发展摩托车自动控制防碰、语音驾驶、自动驾驶、车况报告等多功能集成应用。加强与名校大院的战略合作，大力引进跨国摩托车生产研发企业等的研发机构和工程中心，加快集聚各类创新资源，着力构建以企业为主体、市场为导向、产学研政相结合的区域创新体系。以实施重大科技专项为契机，有效整合行业产学研各方资源，加大共性技术、关键技术、前沿技术的联合攻坚力度，推进技术创新成果转化，带动区域产业技术升级。进一步确立企业的创新主体地位，鼓励市内大型摩托车龙头企业联合组建“西部摩托车研发中心和技术中心”，力争建设一批国家级企业技术中心、工程研究中心及重点实验室。鼓励企业与高等院校、科研院所联合建设实验室、研发中心、技术联盟等创新组织，培育一批具有持续创新能力、自主知识产权和知名品牌的创新型企业。力争到2015年R&D经费占销售收入的比重达到2.5%，高新技术产品增加值占摩托车零部件产业增加值的35%。到2020年，R&D经费占销售收入的比重达到4%，高新技术产品增加值占摩托车零部件产业增加值的50%，攻克和掌握一批达到世界领先水平的产业核心技术。

加大重庆摩托车和零部件国际化品牌建设力度，打造国际知名品牌。鼓励大型龙头企业开展境外商标注册和品牌推广活动，进行国际通行的质量管理体系、环境管理体系和行业认证，鼓励更多的摩托车企业到境外设立营销机构，建立售后服务体系，全面提升全市摩托车国际知名品牌建设的整体水平。在嘉陵、建设、隆鑫、力帆和宗申5家企业进入商务部“重点培育和发展的出口品牌”名单的基础上，再选择基础条件好、发展潜力大的知名零部件生产企业进行重点培育，推动更多品牌和产品成为重点培育和发展的国际知名品牌。制定扶持政策，支持摩托车企业争创自主品牌。充分利用全国、重庆市在资金和政策上给予摩托车“走出去”的支持，对大型龙头企业开展境外商标注册、质量认证、设立境外营销服务机构等方面重点扶持。积极实施品牌激励机制，制订培育计划，加快品牌扩张和延伸，大力培育名牌产品群。引导企业向集团化、品牌联合体形式转变，通过资产重组或联合，把中小企业吸收到优势品牌下，实施集约化经营。对已获得品牌产品企业，鼓励其通过联合、协作，甚至兼并等方式，聚集各种资源，壮大企业实力，提高产品质量和档次，扩大生产规模，形成新的竞争优势，培育和争创更高档次的品牌产品。到2020年，品牌创建能力明显增强，主要产品质量接近或达到国际先进水平，售后服务水平达到国际标准。

5. 全力拓展国内、国外市场

继续拓展国内市场。一是鼓励优势企业与沿海发展地区的大型企业集团合作，利用其在技术、物流、人才和销售网络等方面的综合优势，在发达地区建立分公司，进一步扩大重庆摩托车在东部沿海地区的市场占有率。二是联合全市优势企业共同组建市场拓展团队，共享市场资源，共同建立“渝派摩托车”市场销售网络和售后服务网络。三是针对西南地区广阔的摩托车需求市场，加快农村地区市场销售及服务网络的建设，逐步推进“渝派摩托车”售后服务标准化建设。四是加大市场调研力度，组织开发适应西南山地浅丘地区代步出行、运输生产等特点的山地摩托车、越野摩托车、水上摩托车等产品。五是依托中国国际摩托车博览会等展会品牌优势，加大宣传和推广力度，进一步提升重庆摩托车在全国市场的品牌美誉度和忠诚度。

积极开拓国外市场。一是采取政府补助等多种形式，组织优势企业参加国际国内摩托车展览会、摩托车产品交易会和洽谈会，及时掌握全球摩托车市场信息动态；组织企业到国外大集团参观，学习先进经验，提高管理水平；鼓励大型摩托车龙头企业与整车或零部件成长型企业联合到境外投资建厂，共同建立跨国生产和营销体系，设立海外研发中心和工程中心，支持其研究和跟踪境外市场需求，增强企业跨国经营能力。二是实施出口市场多元化战略。鼓励和支持企业在国外投资建厂，并建立自身营销网络，打造自主出口品牌，在越南、意大利、巴基斯坦、尼日利亚、土耳其、印度、伊朗等国家开展重庆摩托车大型促销活动，加大市场拓展力度，带动重庆摩托车政策及零部件产品销售。

四、支持产业复兴的对策建议

（一）高度重视产业转型升级工作

一是强化产业转型机制的顶层设计，市委、市政府要进一步关注摩托车产业的发展，将之作为振兴重庆实体经济，扩大就业的民生产业来对待，明确一位市领导来主抓产业的结构转型工作。由市委、市政府出台《关于加快重庆摩托车产业转型升级的意见》，要对摩托车转型升级的技术创新、产业布局、企业重组、人才培养、融资贷款、资本运作等方面给予明确的政策支持。二是加强政府采购的导向作用，引导公安、工商、市政、林农等政府业务部门和乡镇政府采购公车时向市内摩托车企业倾斜，并逐年提升市内摩托车产品在政府采购中的比重。三是通过产业政策调整，引导支持市内品牌摩托车企业开展战略性重组，打造一个世界级品牌摩托车企业集团。

（二）积极支持产业技术创新

一是设立摩托车产业转型升级专项基金，专门用于摩托车整车及关键零部件研发、关键共性技术和基础技术研究、完善检测条件等。二是帮助摩托车企业积极申报国家级和省市级财政性支持的科技创新项目。中央和地方级财政对各类摩托车企业申报的科技创新项目、产业结构调整专项基金、民营经济专项扶持基金等，应给予一定倾斜。三是加大政府投入力度，建立并完善摩托车产业关键共性技术公共服务平台、摩托车工程技术中心、摩托车试验场、摩托车市场与电子商务交易平台等。

（三）营造良好的舆论宣传环境

一是积极利用电视台、平台媒体和网络，积极宣传摩托车在节能环保、休闲娱乐、体育赛事中的重要功用，纠正对摩托车在交通工具使用中的“妖魔化”认识，加强对机动车驾驶人的道路安全法制教育，营造正面积极的摩托车舆论环境。二是开展各类摩托车表演赛事和各类展会，主动承办世界级专业摩托车竞技越野赛、摩托车业余拉力赛，支持将重庆摩托车博览会打造成世界知名的摩托车会展。三是加大对我市摩托车制造品牌、配套品牌、销售品牌、服务品牌、文化品牌的宣传和政策扶持，使之成为重庆摩托车产业品牌化战略和城市形象战略的重要载体。

（四）鼓励企业“走出去”的政策

一是实施出口质量强贸战略，开展出口摩托车质量安全示范区建设，严把摩托车企业的出口质量门槛。二是鼓励摩托车企业开展各种形式的海外营销活动，并在项目资金上给予倾斜支持。三是主动牵引搭桥，引导摩托车整车及零部件企业进入全球跨国企业的采购体系。四是引导金融机构加大对摩托车企业“保驾护航”，在摩托车企业“走出去”所需贷款和担保方面，协调引导各类银行和担保机构为其提供金融支持，推动金融机构开展面向终端消费者的境外消费信贷业务。五是推动企业自律与互律，对出口低价竞销行为企业不予发放出口许可证。

（五）加强产业人才培养的政策

一是完善摩托车产业的高等教育培训体系，组建成立一所重庆市摩托车职业技术学院，重点培养专业化的摩托车技师和工艺工程师。争取在高校如重庆大学、重庆理工大学开设摩托车工程本科以上专业，主要培养摩托车整车开发设计、检测、制造等高水平研发与技术人才，在四川美术学院开设摩托车设计专业，主要培养摩托车总体设计、外观设计、品牌设计等高水平专业人才。二是加大财政对摩托车人才的奖励政策，设立“山城摩托车技能大奖”，大幅提高政府奖励标准，对“中华技能大奖”“全国技术能手”获得者进行重奖。三是设立“首席工人”“首席技师”“首席高级技师”制度，并由财政出资给以相应的津贴。

（六）进一步完善行业管理政策

积极呼吁中央为摩托车产业健康发展创造公平有序的发展环境。一是加强市场监管力度，联合公安、工商、质检、市政等部门，建立常态化的执法办案机制，加强对侵犯企业知识产权、仿冒伪劣的摩托企业打击查处力度，保护正规摩托车生产企业的品牌、技术等知识产权不受侵犯。二是加强城市交通管理，坚持取缔时速超过 20 公里的电动车上市销售及生产，限期淘汰在用“超标车”，对不符合《电动自行车通用技术条件》要求的，不得上路行驶。三是采取差别化的城市禁限摩令，允许摩托车在中小城市中使用，并通过有效的管理，使摩托车在缓解城市交通拥堵、实现城市交通多元化和节能减排中发挥自身优势和应有的作用。四是继续延长“摩托车下乡补贴”政策至 2018 年 1 月，从而拉动内需，稳定城镇摩托车生产、销售与售后服务从业者群体。五是建议将 250 mL 以下摩托车购置税取消，让以小排量摩托车作为生产与交通工具的广大农民朋友得实惠。

第四章

低端加工业的转型跨越：以服装产业为例

服装产业是民生产业，在促进地区经济发展、实现劳动力就业、满足城乡居民消费需求等方面发挥着重要作用；服装产业是时尚产业，作为人类物质文明和精神文明的综合体现，服装品牌所蕴涵的潮流与时尚风向，能够将一个城市的文化与价值进行最有效地表达，并提升城市国际化形象；服装产业是科技产业，先进的制造工艺、信息化技术和新材料在服装产业中的广泛运用，掀起了服装业的一场新的产业革命。在推进建设国家中心城市和国际化大都市区，加速产业结构升级调整过程中，重庆有必要对重庆服装产业进行科学谋划，推进重庆服装产业上档升级，做大做强，由简单的加工制造向创意产业、时尚产业华丽转身。

一、产业发展现状及问题

（一）现状及特点

通过近十多年的发展，而今重庆已经成为西部地区最大和最强的服装生产基地。目前，重庆市服装服饰行业涌现出了重庆名牌产品 11 个、著名商标 9 个、最佳服装品牌 25 个，IS09000 认证企业 14 个，民营企业获进出口权企业 10 家。目前，重庆服装生产企业 3 800 余户，实现销售收入 460 亿元，从事服装生产销售的人数超过 20 万人。

从产业发展体系来看，重庆服装产业的内部门类比较齐全。2010 在我市服装产品的构成中，女装产值占 41%，男装产值占 21%，羽绒产值占 15%，针织产值占 14%，童装产值约占 9%，分类服装在西部地区占有绝对优势，女装及羽绒制品发展尤为迅猛。从产品认知度看，重庆服装品牌已覆盖全国26个省市自治区。全市服装企业注册商标2 410个，其中全国驰名商标1个、全国百强企业1个、重庆市著名商标8个，目前已累计评出41个重庆服装类名牌产品，在三年有效期内的有14个名牌产品。

从品牌辐射力来看，重庆一批本土服装品牌及服装集散地在重庆具有较强影响力。重庆朝天门市场是西部重要的小商品集聚地，其中服装占据了十分重要的分量。依托朝天门服装批发市场强大的辐射力，一批重庆服装企业经过几十年的沉淀发展，逐步成长壮大，朝天门市场成为“渝派女装”的发源地，并成为重庆一张响当当的名片。广州白马服装批发城和杭州四季青服装批发城曾是粤派、杭派服饰的天下。但如今，有超出50%的商家西进重庆，到朝天门进“渝派服饰”女装。据朝天门服装协会不完全统计，2009年，“渝派女装”年产值达到了60余亿元，2010年超过100亿元，重庆已经成为西部最大最强的女装和羽绒制品生产基地。重庆服装企业中，达兴公司实现童装销量西部第一，莱诺公司旗下的自主品牌“安秀”在全国100多个省市开设了专柜和网点，叶森公司的羽绒服装、天派公司的商务休闲等系列服装已成功打入欧美市场，梦之诗公司荣获了“中国女装50强企业”称号。

从发展路径来看，重庆服装企业有两条截然不同且各具特色的发展模式。一种为前店后厂式加工模式，如广泛集中于朝天门服装批发市场的各类前店后厂服装加工企业，这类企业发源于对市场流行服饰的仿制，虽有自己的企业品牌，但不以做品牌为出发点，市场流行什么，企业就模仿什么，销售什么。往往当季潮流畅销服饰一上市，第二天就能在朝天门市场看到类似产品，俗称“服装加工货”。这类企业经营投入成本小、市场成长稳定，灵活变通，善于模仿，能够很好地适应市场。另一种为规范化、品牌化发展模式。如重庆的树王、天派、段记、梦之诗、莱诺等服装企业。以重庆莱诺时装有限公司为例，多年来该公司主推“ANSHOW安秀”“A&S”企业自主品牌，立足研发设计，并在全国各地设立了200个自主营销网点，强化终端控制力。

（二）比较优势

1. 具有较强的区域扩张与辐射能力

服装产业发展的规模、档次与一个城市的现代化水平，城市国际化、外向化水平，城市区位及综合辐射能力因素都有着密切的关系。重庆集西部大开发、成渝经济区规划、三峡库区后扶规划等各种中央级政策优惠于一体，是西部投资环境最优的政策洼地。重庆市是我国住建部确定的国家级五大中心城市之一，《成渝经济区规划》也明确指出，建设经济繁荣、社会和谐的国际大都市是重庆的发展方向。重庆是西部唯一拥有水陆空立体交通的城市，重庆着力构建内陆开放型高地，城市对外形象与影响力得到了极大地提升。近三年，重庆市出口和进口增速均处于全国前3位，2011年年底，入驻重庆的世界500强企业突破200家，总量居中西部第一。以重庆为起点的渝新欧贸易大通道开通运行，重庆市一跃成为我国内陆地区面向欧洲的贸易枢纽和开放前沿，此举将大大促进包括服装在内的产品与欧洲的各种产品贸易往来。重庆还着力打造优质高端生产要素集聚中心，近几年，重庆陆续打造了航交所、药交所等交易所，资源整合和发展创新的能力在西部表现突出。要素市场发达，将对服装研发、生产、流通等各个环节在重庆集聚并集群式发展创造良好条件。

2. 具有完备的服装设计人才教育体系

发达完备的职业教育体系是服装产业重要的人才保障和技术创新基础。重庆市高等教育发达，各类综合性和专业性大学（院）众多，其中，有20多所高校和高等职业院校开设了服装类专业，每年培养服装专业人才1 000多名。各类学院根据办学条件和环境不同，其办学方向各有特色，其中，西南大学的纺织服装学院，主要培养服装工程、工艺打板、面料等专业人才；重庆师范大学艺术服装学院主要培养服装工艺和服装艺术人才；四川美术学院艺术学院服装系主要培养服装设计师；万州三峡服装艺术学校主要培养服装行业高技能人才。总体看来，重庆服装产业的设计、生产等各专业的人才培养体系比较齐备，具有进行开展自主创新的人才和科研基础。

3. 具有发达完善的终端销售与展示平台

重庆市服装批发及零售终端发达，在全国服装流通中都有着重要影响力。重庆朝天门服装专业批发市场每年接待服装客商超过600万人次，采购金额超百亿，专业客商凝聚力居西部第一位，是区域性服装产业发展的“晴雨表”。与此同时，重庆多中心、组团式的城市结构造就了五大主力商圈，2010年，重庆五大商圈社会消费品零售总额达到836亿元，占全市社会消费品零售总额的28.4%。重庆五大商圈成为西南地区高端服装销售与展示的重要平台。（见表4-1）近年来，重庆市的高端服装品牌消费也亮点频现，如解放碑时代购物广场、西部奥特莱斯购物广场、星光68奢侈品购物中心、渝北金港国际奢侈品街等一批国际顶级品牌购物中心陆续开街，预示着重庆服装市场扩容升级正在到来。

表4-1 重庆五大商圈主要情况

商圈名称	社会消费品零售总额	代表性服装卖场
解放碑商圈	296亿元	时代广场、新世纪、新重百、王府井
观音桥商圈	200亿元	世纪新都、大融城、茂业百货、重百、新世界、远东百货和星光68奢侈品购物中心
南坪商圈	160亿元	重百南丰、重百尚熙、新世纪江南商都、百盛商场、百联购物中心、上海城、万达广场
沙坪坝商圈	130亿元	重百、王府井、新世纪、嘉茂等
杨家坪商圈	50亿元	瑞成商都、重庆百货

资料来源：根据网上资料整理。

（三）存在问题

1. 发展地位在全国不显著

重庆发展服装产业的历史悠久，早在抗战时期，重庆就成为全国重要的服装生产基地，在改革开放之初，重庆地产服装曾出口到38个国家和地区。据称，当时地产服装无论是销售收入、出口创汇、利税等指标都排在全国前五。与当年的辉煌相比，重庆服装产业现有发展地位显著下降。据《2010—2011中国服装行业发展报告》，2010年前11个月，重庆规模以上服装工业实现产值35.5亿元，居全国31个省市区第18位，在西部也落后于四川，仅相当于排在第1位江苏的1.6%。[①] 若按总产值规模将全国31个省份服装工业进行集团层次，中国服装产业发展第一集团是江苏、广东、浙江、山

① 本数据来源于中国纺织出版社出版的《2010—2011中国服装行业发展报告》，由于数据来源渠道不统一，与前部分数据不完全一致。

东、福建、辽宁、上海八省市，其年产值超过500亿元，其中，前六名更是在1 000亿元以上。第二集团包括湖北、江西、河南等省市，其产值规模在100亿~500亿元，第三集团是年产值在10亿~100亿元层级省市。重庆属于第三集团中的中等偏下水平。十几年来，与第一集团的江苏、浙江、福建和位列第二集团的河南、湖北等相比，重庆服装产业日益衰落、风光不再。

2. 产业上游环节缺失

重庆服装产业对原辅材料的外来依赖度很大。在重庆各纺织工业园区有织布厂近1000家，拥有织布机4万多台，主要生产坯布，并销往江浙、广东、福建等地，印染后返销全国各地，包括供给重庆服装生产。重庆服装企业所需比较高档的面辅料等多来自长三角、珠三角等沿海地区，甚至相当一部分需要从国外进口，本地及其周边缺少服装生产所需的拉链、纽扣、缝纫线等便利采购场所。原料地与生产地的分离，无形之中加大了运输与采购成本，也延长了企业的市场响应时间，这对于讲究潮流时尚的行业来说，是一个不小的掣肘。

3. 本土品牌知名度有待提高

整个服装产业的供应链利润分配，大致符合加工环节10%，接单环节20%，品牌和营销70%的比率。重庆本土虽有一些品牌成长起来，但在全国的知名度不高，在《2010年中国最具价值500企业品牌榜》中，纺织服装品牌一共上榜51家，主要分布在长三角、珠三角和福建、山东、北京等沿海地区及发达地区，重庆是唯一没有一家服装企业产品品牌上榜的直辖市。(见表4-2)

表4-2 纺织服装品牌价值的分布情况

省(市)	品牌数量	品牌价值总计(亿元)	品牌名称
北京	3	105.04	雪莲、婷美、顺美
福建	8	557.36	劲霸、富贵鸟、七匹狼、染牌、PIN拼牌、雄豹狼、才子、虎都
广东	3	56.95	凯撒、健将、富安娜
江苏	5	168.03	雅鹿、华西村、红豆、AB、虎豹

续表 4-2

省（市）	品牌数量	品牌价值总计（亿元）	品牌名称
内蒙古	2	417.02	鄂尔多斯、鹿王
山东	5	180.69	魏桥、太子龙、孚日、山花、喜盈门
上海	8	228.69	北极绒、美特斯邦威、天之锦、凯盛、三枪、海螺、罗莱、莫代尔
天津	1	20.93	应大
香港	3	180.11	G2000、堡狮龙、雅芳婷
浙江	13	616.86	雅格尔、杉杉、珍贝、罗蒙、培罗成、博洋、报喜鸟、洁丽雅、艾莱依、庄吉、盛宇、步森、ABC

资料来源：根据《2011 年中国 500 最具价值品牌排行榜》有关资料整理。

由于重庆服装本土品牌实力水平相对较弱，重庆本地的中高端服装卖场，基本为江浙、福建、上海等地区的品牌和洋品牌所占据。据调查，“重庆造”服装中仅有树王、天派、安秀、梦之诗、BABY 小猪等品牌在新世纪、茂业、王府井等市内知名大型百货店设有专柜进行销售，“重庆造”所占的份额已经由原来的 80% 下降到不足 10%，而在远东、太平洋、时代广场等高端百货卖场中更是不见“重庆造”踪影。

4. 专业人才流失严重

专业人才是服装产业技术创新的重要力量，重庆虽然每年培养了大量服装产业高端研发、设计和工程人才，在服装专业人才培养上具有较强优势，但由于创业环境、创新环境和整个产业发展机会不多，人才流失比较严重。目前，我市服装行业高级设计师不到 5 人，中级设计师和初级设计师仅有 300 名左右，优秀的设计人才都到沿海，如江苏、福建等一些服装产业发展得比较好的地区去寻找更大发展机会。重庆高素质的设计师队伍存量少，能将各种社会化、专业化的设计研发、创意机构、团队协作集成起来的平台更少。眼下“渝派”服装又开始重新崛起，在产业集成创新的过程中，也亟需熟悉行业动态、能够开拓市场、进行国际采购的营销人才和高水准的时尚买手，这一部分人才重庆的储备也不足。

5. 产业发展氛围有待营造

政府和市场在产业在成长发展的不同阶段，扮演着不同的角色，在产业成长初期，离不开政府必要的扶持。1998 年，重庆市人民政府以 85 号文下发了《关于加快服装工业发展的通知》，这是直辖以来，唯一一次以市政府的名义对服装产业发展做出的一个重要文件，但受制于各种条件，有相当部分政策最终并没有落实到位，而相关措施政策随着环境的变化还有待进一步完善。通过政府采购引导行业发展也是政府扶持优势产业，促进地区经济发展的重要政策工具。工装采购市场是服装市场的一个大蛋糕。在重庆 100 亿的职业装采购市场中，重庆本地企业仅拿到 10%左右的订单，绝大部分被外地品牌响、规模大的服装生产企业抢走。仅凭重庆本地企业自身力量去争取更多订单，显然是不太现实的。此外，重庆一些知名服装企业普遍反映，由于行业发展缺乏一种整合机制和“抱团”发展的氛围，惯于单打独斗。如有些服装企业在用工紧张时，为争抢劳动力而互相挖人，此举也大大伤了重庆服装产业的内部元气。

二、产业转型跨越发展思路

（一）发展定位

1. 战略定位

结合重庆市服装产业发展特点、资源禀赋和发展要求，顺应重庆城市国际化、时尚化趋势，将重庆服装产业发展定位为西部服装名都。

其具体内涵：以优化提升产业结构为先导，以增强产业竞争力为核心，以推进产品高端化为重点，以建设产业集聚区为载体，以推进自主创新为动力，充分发挥现有基础加工、低要素成本、便捷的商贸流通和信息集成优势，加大服装生产制造能力建设，加快向下游服装设计及展销、服装传媒、服装展会和上游服装面料、辅料供应延伸产业链，形成一批具有市场影响力的龙头企业和产品品牌，在更大区域、更高层次上发挥重庆市服装生产和市场的集群优势和集散能力，把重庆市建设成为创新能力强、产业集聚程度高、协作配套功能全，专业分工明细、上下产业连贯，集设计、生产、营销、信息为一体，中国西部最具影响力的服装产业高地。

2. 功能定位

西部服装生产基地。通过内引外育，抓大优小的方式，培养一批具有国际国内影响力的品牌服装生产企业，进一步完善纺织、印染、整理等上游产业链。通过龙头带动，打造若干具有较强竞争力的产业集群和专业服装园区，实现服装产业专业化分工、区域化布局，服装制造业实力整体进入全国前10名，成为西部重要的服装生产基地。

西部服装设计高地。通过大力培养本土人才，吸引外地优秀设计大师，形成服装高端人才在重庆集聚的态势，建立比较完善的服装产业创新平台、设计平台、信息平台，继续举办具有国际国内影响的高水平服装交易大会、潮流服装品牌设计与资讯发布大会，支持建立高水平的服装学院，推进文化营销、品牌战略，打造形成引领西部服装产业发展的流行时尚设计中心和设计师入驻发展的基地。

区域性服装贸易中心。继续大力培育具有较强实力服装销售企业，引入国际顶级零售机构，建立一批辐射西部、影响全国的服装及面料销地专业市场。充分发挥重庆打造内陆开放高地，建立面向欧亚国际市场的物流渠道优势、内陆独有的两个综合保税贸易监管区等特殊平台政策优势，联动欧洲主要时尚服装之都的服装和面料贸易，形成区域性服装贸易集聚地。

重庆市服装产业发展定位如图4－1所示。

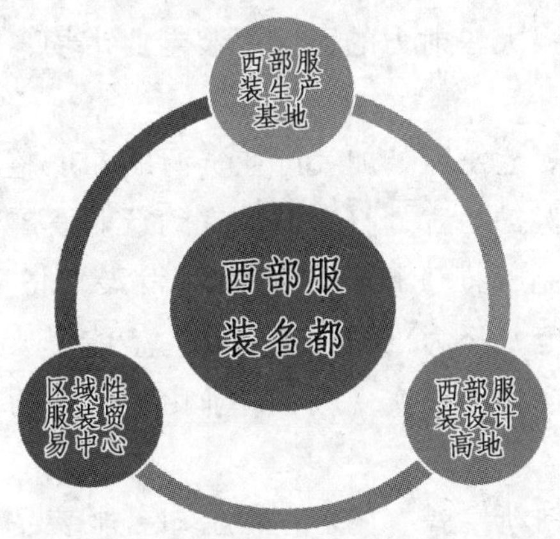

图4－1　重庆服装产业发展定位示意

（二）发展思路

通过产业集聚发展、品牌发展、创新发展、延拓发展实现重庆服装产业四大转型，推动重庆服装产业由传统低端加工产业向现代时尚科技产业华丽转身。（如图4－2所示）

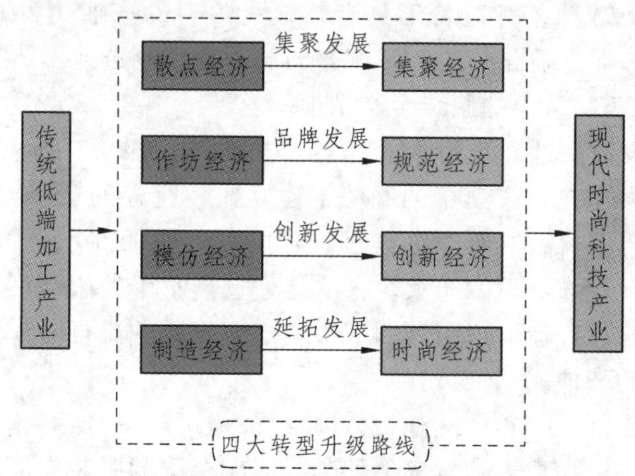

图4－2　重庆服装产业转型跨越的模式

一是推进产业的集聚发展。要培育和引进一批在国际国内具有影响力的现代化、专业化产业集团和龙头企业，鼓励现有中小企业建立现代企业制度，完善企业治理，规范行业竞争秩序。建立一批现代化的产业集聚区和服装专业园，打造具有强大辐射力的区域服装专业市场，实现服装产业由散点经济向集聚经济转型。

二是推进产业的规范发展。加大产业资源的深度整合，建立良好的市场秩序，加大知识产业保护力度，打造诚信守约行业发展环境，建立强有力产业发展协调与沟通机制，推进行业“抱团”发展，将重庆服装作为一个整体品牌进行培育和规范，努力维护重庆品牌的整体形象，培育本土具有影响力和号召力的品牌生产企业，实现服装产业由低层次的微散经济向品质化的规范经济转型。

三是推进产业的创新发展。从培育本土知名服装品牌和引入国际知名服装品牌入手，根植产业规模竞争优势。并以企业为主体，鼓励产学研商政建立广泛的战略联盟，加自主技术创新力度，充分运用信息化技术、装备和先进生产工艺对传统的制造模式进行更新改造，鼓励企业努力开展自我设计、自我加工和自主销售，强化市场及时响应速度，在做实 OEM（定牌加工或贴牌加工）的同时，鼓励企业向 ODM（自主设计）和 OBM（自主品牌）方向转型，实现服装产业由模仿经济向创新经济转型。

四是推进产业的延拓发展。以制造业为核心，努力延伸服装产业高端，积极发展各类专业化配套平台，注重与相关产业的有机链接，推进多元文化与产业的深度融合。重点拓展时尚服饰装设计、服饰信息传媒，时尚服饰信息与潮流资讯发布，服装文化研究、服装教育、服装会展与服装表演等文化创意产业，实现服装产业由制造经济向时尚经济转型。

三、产业转型跨越发展的五大路径

（一）以产业链的完善提升产业价值

1. 延伸上游产业链，优化设计研发及原辅料加工能力

发展服装设计及研发。搭建设计研发平台，大力推进服装企业技术创新，扶持服装设计研发产业园建设，打造西部服装服饰设计研发中心。建议以两路服装工业园为载体，整合全市大中型服装企业的设计资源、高等院校及科研院所的教学研发资源，完善研发、设计、展示、演示、发布、贸易、物流、结算等全方位配套服务，着力打造集服装品牌策划、服装产品推广发布策划、品牌服装设计、品牌服装制版、服装设计师精英培训、服装人才交流、服装实习基地共建、大型职业装研发设计等于一体的西部地区服装设计研发中心。

发展服装原料生产加工。在符合全市环保规划的前提下，以突出特色和技术水平为重点，坚持空间上合理布局、产业上相互配套的原则，重点生产符合全市纺织服装行业要求的中高档、高附加值的面料和辅料，构建服装原料产业基地。依托中国重庆国际服装节、中国（重庆）国际纺织面辅料及纱线展等平台，引进和培育服装面料和辅料企业，在用地、资金和税收方面出台相应优惠政策，促进重庆本土大型面辅料市场的建设和升级，推动重庆

服装产业升级。支持大中型印染企业快速发展，发展面料后整理行业，引进国际先进的防皱整理、柔软整理、阻燃整理等后整理技术和大中型企业及高端人才，为全市服装企业产品向高档化、系列化升级奠定基础。

2. 拓展下游产业链，壮大时尚传播及服装贸易影响力

大力推进区域性时尚文化中心建设，提升城市形象，增强城市文化竞争力。推动博览会、服装节、设计大赛、模特大赛、品牌发布秀、购物节、品牌促销活动等时尚活动“常态化”，打造浓厚而具有持续影响力的时尚文化氛围。继续深化“中国重庆国际服装节”的时尚内涵，着力打造成为一个与世界先进时尚文化融合，集本土服装企业和国际品牌商贸合作、最新流行时尚联合展示发布、产业时尚论坛等为一体的高水平时尚文化盛会。

借力购物之都建设，打造服饰贸易流通终端载体。依托核心商圈及大型商业集聚区，着力提高“重庆造”服装在新世纪、茂业、百盛、王府井等市内知名大型百货店的份额；规划建设重庆服饰“定制中心”，吸引重庆本土服装品牌入驻，形成“抱团式”发展态势；规划建设两到三个重庆服饰一条街，建设“重庆造”女装及羽绒制品定制一条街，引导重庆服装聚集发展；规划建设重庆服装新型总部基地，吸引重庆服装企业的研发中心、发布中心和信息中心入驻；规划建设“渝派服饰西南大市场”，完善全市服装、饰件、化妆品等的现代批发市场体系；规划建设“全球高级面辅料（中国）展示中心”，汇集全国乃至全球中高档面料和辅料，打造成为集中高档面辅料的展示、交易、信息、洽谈等于一体的综合平台。

加强服装时尚产业与旅游产业的深度融合。充分发挥重庆独特的自然景观和人文景观资源汇集、多民族文化聚集等优势，选择如武隆、合川、万州、石柱等旅游资源丰富的区县，筹建“西部户外旅游休闲服饰基地”或“户外旅游服饰制造研发基地”，适时开展“中国西部户外旅游服饰产业发布会”，在西部地区率先打响“户外旅游服饰”品牌。

大力发展服装电子商务，创新服装营销模式。顺应市场消费方式转变，把握“多品种、小批量、高质量、快交货”的服装企业发展趋势，大力发展服装电子商务，推动重庆服装产业走向全球，逐渐融入全球化的营销体系。建设两个以上重庆服装行业网上综合贸易平台，支持20家以上的品牌企业大力发展电子商务。鼓励有条件的大型百货商场和购物中心建立网上商

城，大力发展网上交易，实现虚拟市场和实体市场的结合。大力推广网上商铺营销、论坛营销、QQ 空间营销、微博营销等新型电子商务模式。建设虚拟服装经营企业物流配送中心和虚拟营销中心。

（二）以产业聚集区的打造增强产业支撑

1. 打造主城二环服装产业核心区

以渝北区和巴南区为重点，着力打造服装产业聚集区和专业园区，培育设计研发总部、生产型服装园区和大型专业市场，打造内陆开放型服装产业高地、中国西部最具影响力的服装生产基地以及西部服装时尚名都的核心载体。

发挥两路服装产业园发展基础和政策叠加优势，打造现代化国际服装城。依托全市时尚购物之都建设，抢抓两江新区政策优势，大力培育本土服装品牌，积极引进国内外知名服装品牌，同步引进设计中心和研发中心，提升服装设计和研发水平，适时启动服装设计及时尚创意发布中心、服装质量检测中心、重庆品牌服饰一条街、知名品牌定制一条街等项目建设，打造成为以引领西部服装产业发展的设计中心、信息中心、质量检测中心、流行时尚发布中心和服装精品商贸中心等为支撑的，集服装设计、研发、信息、展示、洽谈、交易、物流配送、金融服务、电子商务和服装时尚传播于一体的现代化国际服装城。

加快推进中国轻纺服装城建设，打造时尚和现代化的服装生产基地和大型综合采购交易展示中心。结合重庆市“三都”建设，加快推进重庆中国轻纺服装城建设，培育“渝派”服装名牌，形成“渝派”服装企业凝聚力。适时启动建设“渝派服饰”设计中心和研发中心。加快实现由 OEM（定牌加工或贴牌加工）向 ODM（自主设计）转化。打造成为集时尚服装设计、品牌策划、包装设计、质量监测、展示设计、服装及面料设备展示、交流培训和专业论坛于一体的“立足重庆、辐射西部、走向全国、走向全球”中国西部最大的服装生产基地，大型综合采购交易展示中心。

加快推进朝天门服装专业市场提档升级。加大招商引资力度，吸引大型企业集团投资重新打造朝天门服装专业市场，优化朝天门市场的业态结构，重点推进服装市场物流和仓储功能的外移，做强做优交易、信息发布、时尚展示等核心功能；借鉴义乌小商品批发市场模式，推动市场整体上市。通过市场扩容、功能转型和整体上市，成为西部地区功能最优、规模最大、档次最高的，集服装电子商务、时尚展示、品牌发布、资本运作等功能于一体的，全国服装产品贸易价格变动的“风向标”和“晴雨表”，打响“朝天门”作为服装行业的一块地标性品牌。

加快推进重庆两江国际服装贸易城建设。按照“立足重庆、辐射西部、面向全国、连通海外”的发展思路，依托两江新区强劲发展机遇，借助重庆综合交通优势，突出打造服装交易展示、设计研发、国际贸易、电子商务、信息交流、教育培训、货运仓储等核心功能，配套发展总部经济以及商务酒店、休闲娱乐等配套服务，将其建成在重庆市服装产业体系中具备核心和门户作用的，“西部第一、全国一流、世界颇具影响力”的高聚集、强辐射、现代化的国际品牌服装专业市场。

打造九龙针织工业园和盈田服装工业园两大特色服装产业园区。其中九龙针织工业园以织造和成衣加工为基础，打造成为集印花、绣花、商标设计制作、缝纫设备等原辅料供应，产品包装和物流货运等于一体的针织服装产业基地。南岸盈田服装工业园打造成为集服装加工、原材料采购、产品展示、物流配送、服装设计等于一体的服装产业基地。

2. 推进渝西地区服装产业基地建设

依托渝西地区的纺织服装发展基础和区位、原料等发展优势，打造现代化服装产业基地，形成与主城都市服装产业核心区相配套的服装产业基地。

将合川纺织服装工业园打造成为百亿级纺织服装产业园。依托重庆市轻纺控股集团、香港查氏集团、上海金考拉服饰有限公司和平氏科技集团等大型企业，以建设专业服装物流市场、加工基地等为重点，着力打造百亿级纺织服装产业园，逐步打造成为“服装面料 + 环保印染加工 + 品牌服装及家纺车用纺织品”等汇集，产业链较为完善的，集原材料加工、成品加工、品牌发布、时尚信息、电子商务、专业市场等于一体的，设施先进、管理科学的现代化服装产业园。

启动建设服装产业基地配套园区。永川和潼南重点发展丝绸精深加工，铜梁和荣昌重点发展羽绒制品和苎麻纺织产品。培育龙头企业和名牌产品带动服装产业的发展，开发新面料、新工艺，创新品牌营销方式，提升品牌价值。加强与合川及都市服装产业核心区的联系和对接，逐步完善服装产业上中下游配套、企业竞合发展的产业链。

（三）以品牌体系的建设提高产品附加值

1. 着力培育服装龙头企业和强势品牌

依托现有服装生产企业，进一步优化政策环境和市场环境，着力培育兼有重庆特色和国际时尚的名企名品。大力培育服装龙头企业，鼓励龙头企业打造强势品牌，实现品牌经营；通过技术创新和规模效应降低成本，重点开发中高档精品，扩大个性品牌，从而提高产品附加值及市场占有率；采用产品差异化与市场差异化策略，争取在更细的专业分工中取得市场优势，辐射带动全市服装产业发展。鼓励企业进行战略重组，以名牌产品为龙头组建大型企业集团，强化重庆服饰品牌形象。支持品牌企业进入资本市场，对有条件直接上市的企业予以积极培育，并给予享受有关培育上市企业的扶持政策。参照浙江商会模式，成立重庆服装商会，为服装企业提供交流和互助平台，提升重庆服装企业整体发展水平。逐步完善重庆服装品牌的梯队结构，形成层次分明，优势互补的梯队，推动重庆市服装品牌有序发展。

2. 拓宽服装及相关产品品牌推广渠道

大力拓展中国重庆国际服装节和重庆服博会等展示平台功能，拓宽服装及相关产品品牌展示和传播渠道，扩大重庆服装品牌的整体效应。支持《时尚重庆》杂志的发展，打造成为覆盖时装、美容、奢侈品、时尚界、婚嫁、人物、健康、数码、家居等时尚生活领域的，集文化传播、流行时尚展示、名企名品推广等功能于一身的，面向中高端收入人群的，引领时尚潮流的专业时尚传播阵地。依托 CQTV－时尚频道，为重庆服装开辟低价或免费广告位置，提升重庆本土服装企业的影响力。加大对重庆“渝派”服饰网的支持力度，使其成为宣传、推广重庆服装产业的重要平台。开展本土企业冠名的“模特大赛”“服装设计大赛”“服饰创意大赛”等，吸引国内外知名设计师、名模、投资者的关注和参与，逐步提升重庆服装产业的设计研发水平和时尚号召力。开展重庆“十大服装品牌”和“十佳服装设计师”评比大赛，扶持各种形式的时装表演，培养时装模特队伍，把时尚文化作为服装产业的重要辅助产业进行培育。

（四）以现代科技的应用推广引领产业升级

1. 以新技术新工艺改造提升传统服装产业

围绕提升服装、面料、辅料等我市主要纺织服装产业的技术层次，加快推广应用先进适用信息技术、新材料技术、新能源技术、生物技术、现代生产过程和工艺技术、现代装备核心技术，广泛应用新工艺、新材料、新技术，以高技术改造提升传统产业，大力推进科技研发、产业升级和自主创新，不断开发新产品，形成具有重庆特色的时尚系列产品，大幅提高产品附加值，以科技进步引领产业升级。

2. 大力推进服装产业信息化建设

加快服装企业信息化工程的建设步伐，用信息化技术促进企业管理的进步和产业的发展，重点是面辅料的研究开发与款式设计、自主品牌创建与提升、数字化与信息化服装技术、先进服装后整理技术、新型功能化服装的研制与开发等。鼓励高等院校和科研机构加大生产集散控制系统（DCS），计算机辅助设计、制造系统（CAD/CAM），企业资源计划系统（ERP），客户关系管理系统（CRM）以及市场快速反应系统（OR）的研发，并在行业逐步加大推广和应用力度；支持企业建立 DRP 分销系统，通过使用 DRP 分销系统，保证市场信息的精确性和实时性，降低库存量，提高采购程序的效率和市场预测的准确性。

（五）以支撑平台的构筑优化产业配套环境

1. 搭建服装产业专业服务平台

整合现有大中型服装企业的设计研发力量、西南大学纺织服装学院和四川美术学院等高校的教育资源，发挥其在服装产业创新体系中的重要作用，尽快组建重庆服装学院，打造成为全市服装专业人才培养、职业技能鉴定、职称考核等的重要载体，成为“西部一流、国内知名、特色鲜明”的应用型大学和服装产业专业服务平台。

2. 建立服装产业公共服务平台

一是建立重庆服饰研发服务中心。打造成为西部领先、全国一流和国际接轨的服饰研发服务示范平台。建立完善各产业基地和专业园区“服饰研发分中心”，打造贯通全市服装产业研发服务网络，使之成为引进高层次服装设计研发人才的窗口，产学研用转化的市场。二是建设重庆服装检测服务中心。按照国际通用的纺织服装标准，从事包括纤维、纱线、面料和服装各项物理化学指标的检测，打造成为面向西部服装企业的一站式、专业性的，集服装质量检测、监督、抽查、新方法和新标准的宣贯等于一体的服装质量监督和监测服务平台，为服装产品标准和质量控制过程发挥更加重要的技术服务作用。三是搭建服装 ASP 服务中心。打造成为集企业信息化管理、电子商务、信息咨询和综合服务为一体的信息服务平台。面向服装企业的应用服务主要包括技术支持、设计、管理、市场营销等应用软件服务。四是建立服装产业信息中心。开展产业发展信息服务，建立服装行业统计和信息制度，及时掌握和发布相关信息，引导服装产业健康发展。建立服装资讯中心，收集全球的款式、面料的流行资讯和最新的技术研发信息，及时向企业发布，带动纺织服装文化产业发展。五是构筑营销网络创新服务中心。强化营销网络的支撑推动作用，鼓励企业进行营销模式的创新；以专业批发市场、大型商场等传统销售平台为基础，大力推动电子商务营销网络平台的应用，构建“传统与现代”融合发展的营销网络平台。六是建立服装文化发展中心。充分挖掘“渝派”服饰的文化底蕴，适时建设重庆服装文化广场和展览馆，组建重庆市纺织服装产业模特队，评选重庆服装产业形象大使，多种形式鼓励企业、面料厂商定期向外界发布重庆服装流行资讯。

四、产业转型跨越发展的政策建议

（一）强化规划与组织领导

1. 加强规划引导与政策落实

进一步落实 1998 年市政府出台的《关于加快发展服装工业发展的通知》

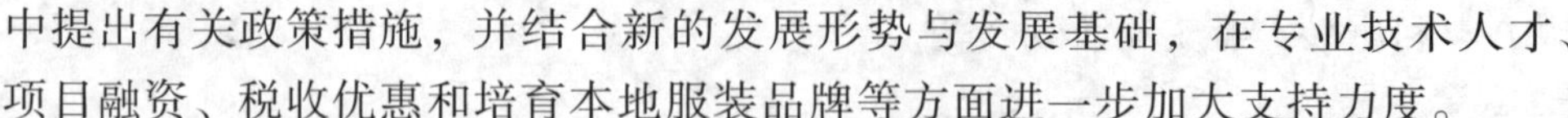

中提出有关政策措施，并结合新的发展形势与发展基础，在专业技术人才、项目融资、税收优惠和培育本地服装品牌等方面进一步加大支持力度。

2．建立健全产业协调机制

进一步整合政府、企业、市场等多方面资源力量，适时成立重庆市纺织服装工业联合会，引导行业发展、信息咨询、公共服务，应对贸易摩擦，协调企业加强自律等方面的作用，建立健全行政主管部门与行业协会协调沟通机制，推进政府购买行业协会服务工作。

3．发挥政府采购激励作用

各级政府机关、事业单位、国有企业和人民团体组织可通过首购、订购的方式，将采购合同授予本地服装企业。对在本地注册生产经营且有三年以上纳税记录的服装企业，参与本地工职业服装采购公开竞标，在同等条件下享有优先权。选取一批重庆市本地服装企业作为财政协议供货单位。对本地中小服装企业参与市级财政招标时，在产品报价比例扣除、履约保证金、付款期限、付款方式等方面给予支持。

4．继续加大产业专项资金规模

进一步加大对服装产业资金支持力度，服装产业发展专项资金在每年1 000万元的基础上，增加到5 000万元每年的规划。专项资金应随经济增长速度按比例动态进行调整增长。

（二）技术创新政策

1．支持企业承担重大项目攻关

市经济和信息化工作委员会（以下简称“经信委”）和市科委每年安排一定数量科技攻关项目，支持各服装企业围绕服装产业的重大工艺创新、节能减排、新材料运用，开展技术攻关，帮助企业形成自主创新能力。积极支持服装企业申报参与国家科技重大专项和有关科技计划项目。

2．加大产学研联盟的支持

搭建产学研战略联盟平台，对以企业为主体，以产学研战略联盟形式开展产业“瓶颈”技术、共性技术、关键技术攻关的，由市经信委联合市科委给予单独科技专项经费支持，一事一议，不在服装产业专项资金中列支。

3. 鼓励企业开展自主生产经营和自创品牌

对在重庆本地注册且有纳税记录的企业，其当年新开发的服装新品并且以自主品牌销售，且当年销售收入超过5 000万元的，给予企业开发设计有功人员每人最高不超过5万元的奖励。

（三）品牌建设政策

1. 培育重点品牌龙头企业

集中优惠政策措施，重点培育形成5～10家具有国际国内市场竞争力的服装龙头企业，并以之为依托，建立3～5个重点服装产业集群。对确有重大行业影响力的外地服装企业入驻，可采取一事一议的方式促其落地。对列入重点培育名单的服装龙头企业，视同市级高新技术企业对待。每年对服装企业销售收入上亿元的前5位企业、年纳税额达到200万元以上且纳税额列前5位的企业，分别给予适当奖励。

2. 支持本土品牌开辟高端销售渠道

鼓励企业在主销市场设立物流中心和分销中心，提高对服装产品终端市场的控制力。对吸纳重庆本土品牌入驻设立销售专柜的重庆市主力百货商店，每一个品牌给予终端销售企业10万元奖励补助。凡具有注册商标的自主品牌，并且以自主品牌通过商场、代理机构、直销店或其他方式进行销售的服装产品，三年内由市政府分别按其新增增值税地方分成部分的50%、40%、30%的比例给予奖励。服装企业用于企业形象、自主品牌的各类宣传广告费用，允许按规定比例列入成本，享受税前列支。

3. 支持本土服装企业参与各类展会

鼓励服装企业参加国际国内有影响力各类专业服装展销、展览、展示活动，对企业参展费给予相应补贴。其中参加省市级专业展会的，给予企业30%的展位费补贴；参加国家级及以上的活动，给予企业50%的展位费补贴；参加境外国际级专业服装展会的，给予企业70%的展位费补贴。

（四）融资支持政策

1. 加大企业担保体系建设

以纺织服装的行业协会组织为纽带，组织行业品牌企业建立互助担保公司，为会员企业提供互助担保、商业性担保等多层次、市场化运作的信用担保和再担保服务。从服装产业发展专项资金安排一定比例担保风险补偿备用资金，以弥补担保机构担保风险损失。市经济和信息化工作委员会要指导和规范各类担保基金合理合法运作，提高资金使用效率。

2. 推进金融和信贷服务创新

开发适合非公有制企业特别是中小服装企业特点的融资服务项目和信贷品种，积极推广应收账款、仓储货单、存货、商标权、专利权、市场摊位使用权等形式的动产及权利抵（质）押贷款及联保协议贷款、法定代表人抵押担保贷款、土地厂房购建贷款、小额抵押积数贷款等一系列信贷品种。

（五）人才建设政策

1. 完善行业高级职称评聘制度

加强并完善全市服装行业高级评审委员会的工作机制建设，认真评选重庆服装行业的高级专业职称，逐步提高全市具有服装专业高级职称人员比重。加强服装行业领军人才的培育，对服装行业做出突出贡献的拔尖人才，可破格评为高级服装设计师，并推荐作为市级后备技术创新人才培养，特别优秀的人才可推荐享受政府特殊津贴。

2. 实施“十百千人才集聚计划”

通过财政对人才发展的专项资金支持，用3年时间，采取海外引智、内部培养等方式，在重庆集聚10名左右在全国服装界享有盛誉的顶级服装设计大师、100名在行业有一定影响力的高端服装设计精英、1 000名青年优秀服装设计人才，打造重庆服装设计人才的集聚高地。对经国家和市政府有关部门认定的优秀服装设计师，应分期分批安排在国内知名服装设计院校或国际知名服装设计院校、专业机构学习培训1~2年，对学习成绩优秀、在重庆从事服装设计 3 年以上且业绩突出者，市级专项资金给予全额学费补贴。

（六）平台载体建设政策

1．打造服装“两刊”

一是支持《重庆服装》杂志通过合作办刊，或者申请公开刊号的形式向市场公开发行，逐步提升杂志品牌，扩大行业影响力，打造西部服装时尚潮流资讯的重要发布平台。二是联合全市专业研究机构，争取每年出版《重庆市服装产业发展蓝皮书》，为重庆服装产业上档升级开辟新的研究决策与资讯传播渠道。

2．建立传媒展会平台

办好服装传媒展会平台，提升重庆服装的影响力和美誉度。支持重庆电视台、重庆各主要平面媒体、网站开辟专题栏目，宣介重庆本土服装企业和本土品牌，传播服装时尚理念，营造良好的品牌舆论环境。支持“中国重庆国际服装节”扩大策展规模，提高展会档次，丰富展会内容，办成具有国际水准，在国内有广泛影响力的西部服装盛会组织开展好重庆名品服装文化周、服装名品进名店、爱生活爱品牌、重庆名品服装消费月和“重庆服装万里行”“重庆十大服装品牌”评选等系列活动。

第五章

战略性新兴产业培育：以通用航空产业为例

通用航空产业以通用航空研发设计、生产制造为基础，以通航作业运营等为核心支撑，能与工农生产、现代服务业等国民经济各大行业形成广泛而深入的产业耦合并协同发展。随着国家在“十二五”期间对低空领域的逐步开放，限制通用航空产业发展多年的重要瓶颈将会逐步消除。通用航空产业的发展速度在未来若干年，将从“低速挡”切换至“高速挡”。当前，重庆通航产业发展尚处于起步阶段，加快发展通航产业，既是重庆作为承担国家发展战略试验平台的必然要求，也是加快产业结构调整，构建西部国际化大都市的重要契机。2012 年，重庆飞行管制分区低空空域管理改革试点申请已由国务院、中央军委空中交通管制委员会（以下简称“国家空管委”）批复同意，重庆成为西南首个低空空域管理改革试点城市，推进通航产业发展，构建低空经济产业链，重庆蓄势待发。本章以通用航空产业为例，提出重庆大都市区培育战略性新兴产业的若干方略。

一、国外产业发展现状及经验启示

（一）总体发展情况

在欧美国家除公共运输飞机和军用飞机外，其他飞行器均属通用航空范畴。通用航空飞行器作为生产工具可进行航空作业，作为运输工具可进行客、货、邮件的航空运输，其应用主要有：农林业和工业航空作业飞行、训练飞行、公务飞行、通勤飞行、出租飞行、私人飞行以及其他的飞行，概括地说，通用航空由航空作业和通用航空运行两个部分组成。在世界通用航空三大类飞行中，航空作业飞行约占飞行总量的 20%，教学训练约占 22%，公务飞行占50%以上，其他飞行占8%。

据统计，目前全世界约有通用飞机33.6万架，从事通用航空活动的飞行员达80万名，年飞行小时达5 100万小时。北美洲是全世界通用航空最发达的地区。庞大的通用飞机机群主要分布在美国、加拿大等国家，美国有22.4万架，约占全世界通用飞机总量的2/3，加拿大有31 018架。美国通航飞机年飞行小时达2 700万小时，加拿大达450万小时。北美大陆上密布着约22 000个通用航空机场。南美的巴西作为一个发展中国家，通用航空也较发达，通用飞机达到10 310架，通航飞机年飞行小时达170万小时，通用航空机场数量达2 500多个。澳大利亚和俄罗斯的通用飞机均有1万架以上，通用航空是澳大利亚和俄罗斯航空运输系统的重要组成部分。

（二）代表国家情况

1. 美国

美国是通用航空大国，通用航空市场的发展已基本趋于成熟，法律法规、基础设施和管理等各项条件完备，美国通用航空的现状与发展趋势代表着世界通用航空发展的方向。全世界所有通用飞机中，不仅75%的机队在北美，同时有近90%的通用飞机是美国制造的。2010年，美国的通用航空飞机总数约为22.8万架，持有效飞行驾驶执照人员60多万名，其中通用航空飞行员约为40万人，有接近2万个通用航空机场。2010年通用航空年飞行小时达到2 400万小时，其中2/3的飞行小时属于商务飞行，通用航空年搭载1.66亿人次。

低空经济已经成为美国国民经济中的一个重要组成部分，通用航空产业为美国经济直接贡献达1 500亿美元，为社会提供了近126.5万个就业机会。美国已具备完整的通用航空工业链，包括：飞机制造商、零配件制造商、航空电子仪表制造商、飞行学校、飞行俱乐部、飞行模拟器制造商、固定维修基地（FBO）、机场开发管理公司、飞机销售商、飞机租赁公司、飞机中介公司、飞机估价公司、飞机装修公司、飞机贷款和保险公司、产权分享管理公司、投资管理商、航油供应商、安全保障顾问公司等，也包括了最重要的提供有偿飞行的运营商。

2. 巴西

巴西是发展中国家通用航空发展得比较完善的国家。在巴西，政府的支持、财富的集中、农业的发达及其他运输方式缺乏等因素，共同推动着通用航空的发展。巴西通用航空市场在20世纪60年代到90年代进入高速增长阶段，通用航空器从不足2 000台上升到接近10 000台，年均增长速度也达到了6%。伴随着巴西通用航空市场的快速增长，著名的航空运营公司Embraer在政府的资助下也快速成长，成为世界支线、通用航空市场有力的竞争者。

3. 德国

德国国土面积35.7万平方公里，人口8 200万，境内的空中救援网是世界上最发达的网络之一，以应急救援为主要内容的通航是德国低空经济的重要特色。据统计数据，德国至少已有53个救援站，每个站至少配备1架直升机，从而保证了在德国版图上任何一点，最近的救援直升机在15分钟之内就能到达事故现场。而且，德国的救援直升机不但保证了本国的空中救援，甚至还惠及法国、匈牙利等邻国的边境居民。

（三）发展经验及启示

通过分析，不难看出通用航空产业经历了近百年的发展历程，并在20世纪五六十年代趋于成熟，成为本国经济发展的重要门类。其产业发展得益于政府的大力支持，得益于宏观经济的正向拉动，具体而言，我们可以得到以下几点启示。

1. 通航发展将促进工农业生产效率提升

通航产业在国民经济的三次产业中的广泛推广应用，将极大地促进工农业生产效率的提升。如使用航空器，可进行遥感测绘、吊装平台作业，为农业飞播、灭虫、护林防火、观察渔情等，从事广告摄影、空中旅游、医疗救护、气象探测等，会极大地提高工农业生产的现代化程度和促进经济社会发展。美国农业与通用航空的关系就是通用航空推动经济社会发展的一个例证。美国曾因农业劳动人工成本太高，一度放弃国内的水稻种植，大米全部进口。从20世纪60年代开始，美国人用飞机播种代替传统上费时费力的水稻插秧，用空中喷洒除草剂代替人工稻田除草作业，用空中施肥代替人工施肥，水稻种植的劳动生产率因此提高了400多倍。到20世纪70年代末期，美国一跃成为世界上主要的稻米出口国之一。今天美国农业航空已经把美国的农业带入精细作业时代，如果没有农业航空服务，美国的农业产量将下降50%。

2. 通航发展将提升社会公共服务能力

通航产业将有效提升城市和地区的社会公共服务能力。以美国的公共卫生服务为例，美国的航空医疗服务非常发达，美国AM公司拥有50架直升机和固定翼飞机，是美国医疗服务市场5大公司之一，其航空器分布在全国24个基地。从1980—2005年，AM公司完成了20余万次空中医疗飞行。其核心业务有3种：第一种是特色医院的空中医疗服务，该服务是由AM公司提供飞机、驾驶员和地面机务人员，医院提供医务人员和设备，由医院负责接受和部署救援飞行；第二种是社区飞行服务。由AM公司承担全部医疗服务，但由病人或保险公司支付服务费用，第三种是改装医用直升机，AM公司在完成自己改装工作的同时，也对外提供改装服务。

3. 通航发展基础在于服务设施的不断完善并网络化

政府对航空制造业和机场建设的支持是本国通用航空繁荣的重要原因。以同为发展中国家的巴西为例，20世纪60年代，巴西通过资助巴西航空工业公司和引进国外专家等措施，建立了本国的航空制造体系，生产出具有世界竞争力的民用航空器。如今巴西已经成为世界支线客机、通用航空飞机和初级教练机生产的主要国家之一。巴西在20世纪60年代开始建设机场等基础设施，20世纪90年代，巴西“联邦机场扶持计划”的实施也为通用航空持续增长创造了条件。

4. 通航发展的关键在于空域开放政策的突破

空域与通用航空的关系，如同铁轨与火车、公路与汽车、河道与轮船的关系，是水和鱼的关系。只有空域的开放，才能给通用航空发挥其独特作用的空间，才能释放社会经济对通用航空的巨大需求。在通航发达的国家，都允许航空器自由进入空域，采纳国际民航组织空域分类指南并根据本国情况作出相应调整。第二次世界大战之后，伴随着美国空域管理的逐步宽松和新建机场的使用，美国通用航空历经了30年的高速增长。通用航空飞行小时从200万小时上升为近4 000万小时，年均增长速度超过10%。美国政府对通用航空仅扮演法规制定和监督的角色，给予通用航空应有的成长空间，并由其他联邦政府研究机构，如美国国家航空航天局

(NASA）等提供科研和技术开发，提升飞行器的性能和安全性，并且通过科技手段促进通用航空的普及，推动城乡均衡发展，改善地面交通的拥堵，加速人员、科技和资金的流通，使通用航空像一般地面交通工具一样是可负担而且方便的交通方式。

5．经济发展水平的提高为通航发展创造市场需求

通航产业不是一个孤立发展的产业门类，其产业萌芽及成长与本国的国民经济发展水平和居民的消费力密切相关。由于经济发展水平的提高，城市地面交通变得更加拥挤。为提升工作效率，通过直升机和小型运输客机中远距离出行成为政商界精英人士的不二选择，由此推动一批以经营公务和商务飞机为主的通用航空飞机运营商应市而生。一般而言，比较成熟国家的通航飞行作业时间量，公务飞行占到了一半左右。从各国通航发展一般规律来看，在人均 GDP 突破 5 000 美元的国家和地区，人们对休闲体验式旅游的需求日益旺盛，航空旅游、航空体育成为人们热捧的活动项目。拥有一架私人飞机，成为一种时尚追求。

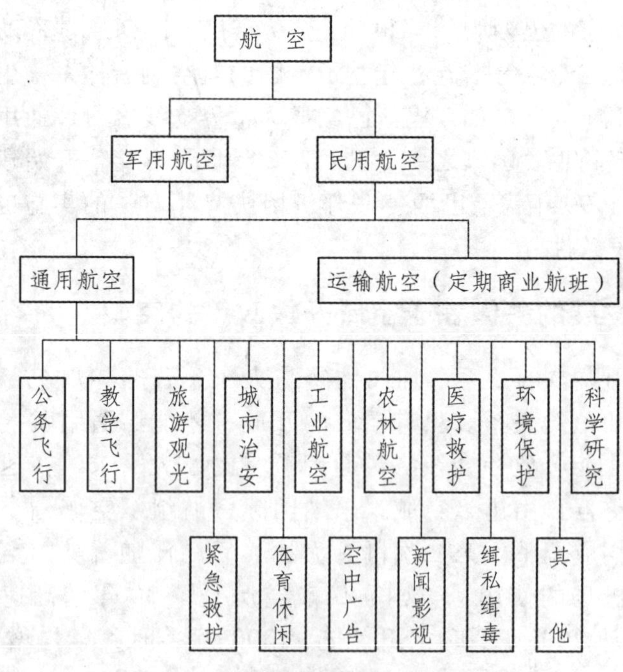

图 5－1　通用航空主要应用领域

二、国内主要城市产业发展情况比较

（一）总体发展情况

2012 年年底，全国通用航空企业 149 家，比 2011 年新增 26 家；通用航空筹建企业 135 家；通用航空机队规模达 1319 架，比 2011 年新增 165 架。西南地区通用航空企业 16 家，其中重庆 1 家；通用航空筹建企业 36 家，其中重庆 9 家；通用航空机队规模 274 架，比 2011 年新增 6 架。

表 5－1　我国公务机主要运营企业

运营企业	机型	进口来源
海航金鹿公务航空	豪客 6 架、湾流 7 架、空客 319 型 1 架	豪客、湾流、空客
山东航空	挑战者 604、空客 A318	加拿大飞机公司、空客
上海航空	豪客 800XP	豪客
彩虹公务机公司	挑战者 60、挑战者 200、塞斯纳 208、波音 737－300	塞斯纳、波音
远大集团	已购 7 架 Citaion	塞斯纳
海尔集团	已购 3 架 EC－135	欧洲直升机公司
春兰集团	EC－135	欧洲直升机公司
美的电器	“湾流” 450	湾流

2011 年，全国通用航空共完成作业飞行小时 50.27 万小时，比 2010 年增长 28.5%；其中工业航空作业达 56 681.61 小时，比 2010 年减少 13.4%；农林业航空作业达 33 157.92 小时，比 2010 年增长 11.9%；训练飞行达 37.22 万小时，比 2010 年增长 40.8%；其他通用航空作业达 40 709 小时，比 2010 年增长 29%，其中，用于训练飞行的作业时最多，占据通用航空作业时间的 74%。（见图 5－2）

国际民航组织资料表明，在世界通用航空三类飞行中，航空作业飞行总量约占飞行总量的 20%，教学训练约占 22%，公务飞行占 50% 以上，显然，由于低空经济发展的不充分，我国通用航空的飞行作业时间结构还不甚合理，公务及商务飞行时间占比仍有很大的提升空间。我国通用航空长期以来主要服务对象以政府部门、国有企业为主，相当大一部分市场由财政收入来支付，私人及公务市场远远落后于其他国家。

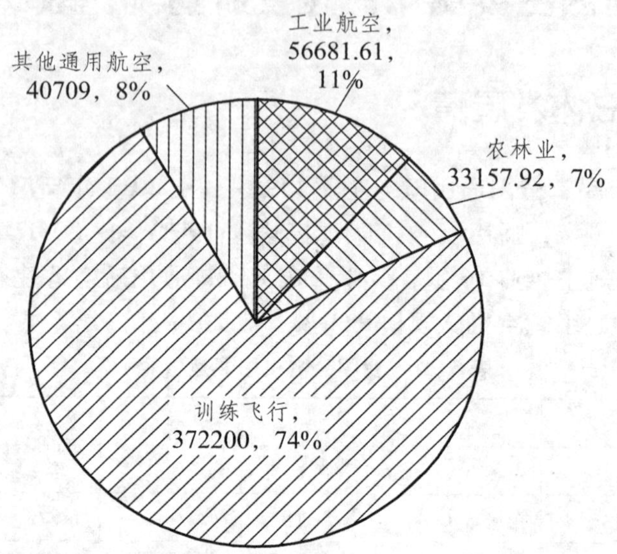

图5-2　2011年中国通用航空作业时间分布图（小时，占比）

截至2011年年底，我国通用航空机队在册总数为1 154架（具），比2010年增长14.3%，其中包括固定翼飞机893架、旋翼航空器238架、气球17架、飞艇6架。（如图5-3）

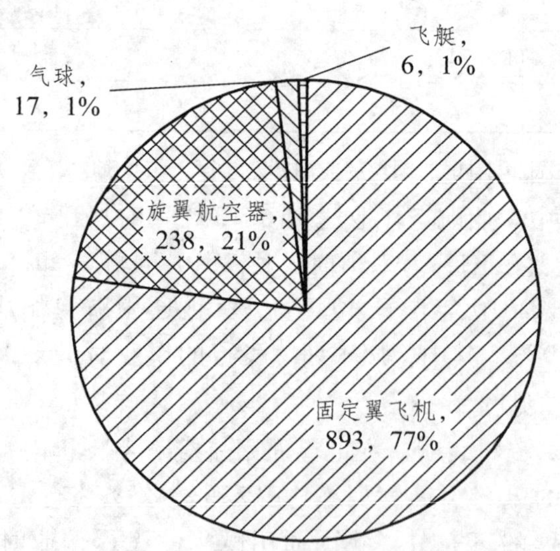

图5-3　2011年中国通用航空器类别分布图（架，占比）

（二）我国通航产业发展比较

相比而言，中国通用航空与国际通用航空存在巨大差距。我国截至2011年年底通用航空器只有1 154架（含教练、机场校验），其中固定翼飞机893架，直升机238架，每百万人拥有不足1架。通用航空机场70余个，起降点约216个，飞行员2 300余人，年飞行时间约50.27万小时，现有从业人员约11 000人。在飞机保有量、飞行量、飞行员的数量等各个方面，我国和美国、澳大利亚等国的差距非常大。与发达国家相比，我国通用航空目前还处于起步阶段，未来的发展空间非常大。中国通用航空与国外的比较如表5－2、表5－3、图5－4、图5－5所示。

表5－2 中国与其他国家通航主要指标比较

主要指标	中国	美国	加拿大	澳大利亚	巴西
面积（万平方公里）	960	963	1 000	770	851
人口（亿）	13	2.99	0.33	0.2	1.92
GDP（十亿美元）	8 250	12 653	1 770	1 452	2 425
通航飞机数量（架）	1 154	224 000	35 018	13 117	13 310
通航飞机年飞行小时（万）	17	2 800	510	210	1 600
运输航空飞机和通航飞机比例	1:0.67	1:32	1:61	1:34	1:24
通用航空机场数量（个）	399	19 750	1 700	480	2 500
通用航空产业产值（亿元）	85	15 000			

资料来源：《2012中国通用航空发展报告》。

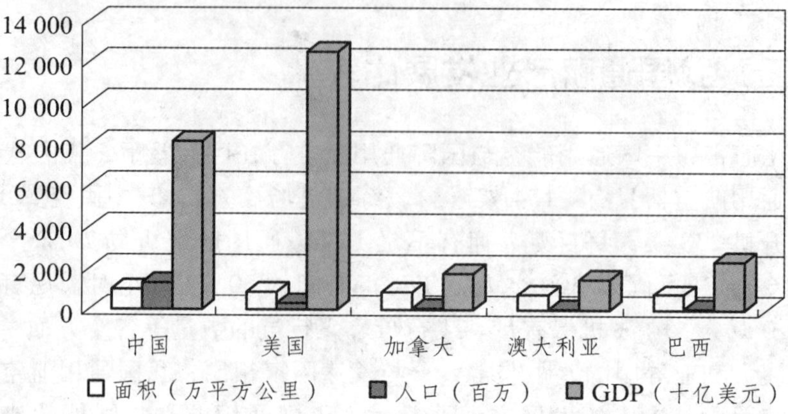

图5-4 中国与其他国家主要指标比较

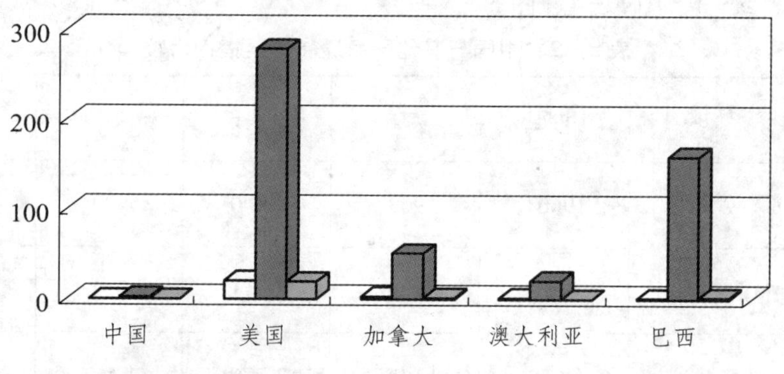

图5-5 中国与其他国家通航产业主要数据比较

表5-3 中国与其他国家通航主要指标比较

主要指标	中国/美国	中国/加拿大	中国/澳大利亚	中国/巴西
面积	1.00	0.96	1.25	1.13
人口	4.35	39.39	65.00	6.77
GDP	65.20%	466.10%	568.18%	340.21%
通航飞机数量	0.52%	3.30%	8.80%	8.67%
通航飞机年飞行小时	0.61%	3.33%	8.10%	1.06%
通用航空机场数量	2.02%	23.47%	83.13%	15.96%

资料来源：《2012中国通用航空发展报告》。

相关链接：我国通用航空经营项目分类

我国通用航空经营项目情况按照《通用航空经营许可管理规定》（民航总局令第176号）的规定，通用航空企业的经营项目划分为以下三类：

（一）甲类。陆上石油服务、海上石油服务、直升机机外载荷飞行、人工降水、医疗救护、航空探矿、空中游览、公务飞行、私用或商用飞行驾驶执照培训、直升机引航作业、航空器代管业务、出租飞行、通用航空包机飞行。

（二）乙类。航空摄影、空中广告、海洋监测、渔业飞行、气象探测、科学实验、城市消防、空中巡查。

（三）丙类。飞机播种、空中施肥、空中喷洒植物生长调节剂、空中除草、防治农林业病虫害、草原灭鼠、防治卫生害虫、航空护林、空中拍照。

上述三类未包含的经营项目的类别，由民航总局确定。

抢险救灾，不受上述三类项目的划分限制，按照民航总局的有关规定执行。

（三）周边省市情况

目前，经国家发展和改革委员会批准，我国建立了西安、沈阳、哈尔滨、安顺、成都、上海、天津、珠海8个国家或省部级航空高新技术产业开发区。此外，山东滨州、江西南昌、石家庄等地都在积极发展以制造为基础的通用航空产业基地。从布局上看，我国通用航空制造业主要分布在航空制造基础较好或区位优势明显的地区。但我国航空制造业市场集中度偏低，缺乏国家层面的统一规划，并存在地方政府各自为政、重复建设、盲目跟风等现象。

重庆周边邻近的省市通用航空的发展情况分述如下。

1. 陕西省

陕西省通航产业主要以西安为基地。2011年，在西安已有直升机机型开展低空观光旅游，并开始探索直升机的销售模式。2012年4月底，陕西通航投资发展有限责任公司和中航工业直升机有限责任公司在西安签署了战略合作协议。中航直升机公司是整合国内直升机研发生产资源的高科技、外向型、国际化的大型龙头国有航空企业，是全球七大直升机研制巨头之一。双方约定，共同创建国产直升机销售体系，建立国产直升机4S店。除开展通用飞机农林业应用、应急救护救援、公务航空、警用航空、通勤航空等业务外，针对陕西省丰富的旅游资源，继续开展空中游览业务，并抢占创新研发、关键零部件、维修培训等利润较高的环节，打造中国西部通航运营中心。

近年来，西安航空基地致力于发展通用航空产业，斥资修建了国内条件最为完善的通用航空机场，并依托机场及周边园区建设，2009 年 10 月，西安航空基地蒲城通用航空产业园获得中国民航局正式批复，成为国内唯一的通用航空产业试点园区。根据批复，蒲城通用航空产业园内半径 20 公里、高度 2 000 米以下的本场空域被确定为开放空域地区，通用飞机在这一场地无需再向国家民航局空中交通管理局以及空军基地申请，便可顺利飞行。据西安航空经济技术开发区管委会有关负责人介绍，整个西南航空基地产业的总投资已经超过 300 亿元，覆盖了通用航空产业从制造到旅游的大部分环节，其投资规模已经超过重庆。

2. 湖北省

湖北的通航产业发展主要以荆门、襄阳为核心。2009 年，湖北省的《湖北省临空经济和通用航空产业发展专项规划（2009—2020 年）》出台，其中提出在襄阳市、荆门市发展通用航空产业基地。湖北是九省通衢，且是我国低空开放的试点省份之一，民航中南局下辖五省一区，即豫、鄂、湘、粤、桂、琼，一年通航飞行 6 万小时，湖北占了一半。荆门特种飞行器研究所启动的大型水陆两栖飞行器研制项目，是经国务院立项的重大民用飞机研发项目。湖北因其较好的产业基础，成为中航工业集团发展通用航空产业的重要基地。在荆门，中航工业集团成立子公司，打造高端航空俱乐部。在武汉，中航工业集团与武汉市签订协议，联合在武汉黄陂临空经济区打造中航工业高技术产业区，用于浮空飞行器研发和销售等。

在通航公司中，除荆门通航是国资外，湖北另有湖北楚天航空公司、湖北同诚通航公司、武汉直升机公司、湖北银燕通航公司等 7 家民营或股份制通用航空企业。荆门航空产业发展规划已获省发展和改革委员会批准，产业园分为四个单元区，分别是航空科技产业区、航空制造产业区和两个航空服务产业区。产业园将规划建设飞行器零部件制造、通航作业、航空会展、飞行器总装、航空货运和航空体育等产业项目。

3. 云南省

云南省通航产业发展以昆明为基地。昆明 2012 年被国家批准为全国低空开放试点地区后，海航、瑞锋等航空企业也积极参与昆明通航产业园区建设，一批通航项目在区内已完成注册与签约，顺利实现通航试飞成功。现在园区每天已有 2 架飞机固定承接飞行订单业务。其中有公务机、直升机，还有美国进口的塞斯纳 208 飞机和意大利进口的 P2006 双发固定仪飞机。

云南低空开放试点飞行不到 3 个月，先后已有 30 多人向云南瑞锋公务机航空有限公司提出报考飞行执照申请。除飞行驾驶执照培训业务外，瑞锋公司已经启动了空中游览和旅游包机业务，准备在昆明高新区通航产业园、丽江白沙机场、西双版纳州磨憨三地进行通用航空起降点的建设，包含机库、跑道、航站楼等基础设施配套服务。

4. 四川省

四川依托民航飞院在其周边大力发展通航产业，其中，成都、德阳、绵阳等城市已经有正式运营的通航企业 21 家，加上近期获批和筹建的 11 家通航公司，该区周边的通航企业已达 32 家。以民航飞院为辐射源的成、德、绵通航产业带已经初见雏形。

建于广汉的四川星耀通用航空有限公司固定运营基地，占地约 150 余亩，是目前全国占地规模最大的公务机运行基地。按照四川省、民航西南管理局推进区域通航产业健康发展的规划，该基地建设以“世界一流，中国第一，满足使用，适度超前”为总体原则，规划建筑面积 27 059.8 平方米。其中，可同时容纳 50 架公务机停放的大跨度机库，可为国内外大型企业、商业人士购买的公务飞机提供停放、托管和飞行服务，为企业和个人提供公务包机服务，为航空爱好者进行飞行驾驶培训，为过往的公务飞机提供过站服务。同时，可提供应急救援、抢险救灾、航空拍摄、航空旅游、人工增雨等作业。

三、产业发展环境分析

（一）发展通航产业的重要意义

1. 有利于建立完善的全域立体应急救援体系

与普通运输方式相比，通用航空具有高效、便捷，不受地面障碍限制的优势，与公共航空运输相比，通用航空直升机可以垂直起降，不必考虑跑道的制约，它灵活便利的出行方式使它具有不可替代性。随着科学技术的发展，抢险救灾在西方已经成为继银行、邮电、保险之后的第四大产业。通用航空在应急救援、抢险救灾等事件中起着其他交通运输方式无法替代的作用。如在2008年汶川大地震、2013年芦山地震的抢险救灾中，在道路交通、电力、通讯全部中断的情况下，通用航空直升机应急救援在特定环境中成为唯一的、迅速的和有效的手段，通航作业对于减低灾难损失，挽救人民群众生命财产具有重要意义。重庆地处西南山地，在渝东南和渝东北地区，交通不发达，铁路网单薄，公路等级低、密度小，铁路和公路的延伸需要相当长的时间，加之机场的规模小，不便大型飞机起降。但是如果应用通用航空飞机和简易机场就能收到投资少、见效快的效果。特别是三峡库区作为生态敏感区，各类地质灾害潜在发生的概率十分高。重大灾害发生，大型地面交通及抢险工具完全不能到达目标所在地，必须依靠空中救援力量，在这种情况下，搭建通用航空救援力量，将进一步完善提升重庆市应急救援能力和抢险救灾能力。可以说，在以大山区、大库区为主要地理特征的重庆市，大力发展通用航空应用和服务，将有力提升重庆城乡管理和综合保障水平，完善应急救援体系。更进一步说，在国家和平与建设时期，通用航空还可以成为保障社会安全的力量，如追击嫌犯、打击恐怖组织、空中巡逻；交通巡查，确保道路通畅；救灾指挥，疏散引导等活动，这些对确保社会稳定意义重大。

2. 构筑以通航产业为核心的新经济增长点

低空经济是一个以通航产业为核心，涵盖了制造业、现代服务业等多个产业领域的综合性经济，其产业链十分广阔，产业的投入产出比为1∶10，就业带动比为1∶12，其辐射和带动力非常强。作为高端装备制造业的通用航空业无疑是支撑经济未来增长的新型支柱性产业之一，是全球金融危机后的战略性新兴产业。在房市、车市之外，培育通用航空作为新的经济引擎意义不凡。英国《金融时报》预测，未来30年，中国将成为继美国之后，全球最大的航空运输、通用航空、商务及私人飞机市场。通用飞机的需求将成为继干线飞机、支线飞机之后中国又一个迅速崛起的朝阳产业。根据中国民航部门预测，未来10年，我国的通用航空业年复合增长率将会达到20%以上，到2020年我国需要各类通用航空飞机约1万架至1.2万架，新建通用航空机场1 000个，带动新材料、电子、通信、能源、精密制造等一系列相关高新技术产业的发展，市场容量将达到10 000亿元以上。与其他城市类似，重庆通用航空业发展主要集中在工矿和农林作业，在公务飞行、休闲训练、旅游观光、应急救援等业务领域还没有全面铺开，市场可挖潜力巨大。重庆在按照314总体部署，推进“一统三化两转型”过程中，迫切需要在产业结构升级中寻找到新的可具持续发展的新兴产业。首先，通用航空制造业在重庆落地，实现了重庆制造业发展的重大创新，通航产业的发展很有可能带动重庆机械加工、模具制造、航空机载电子设备等与航空产业相关的配套制造业形成，拉长重庆通航产业链，形成集群式发展态势。其次，一应通航基础设施完善，重庆通航飞行将由单一为农林业服务向以农林为基础，工业、旅游、公务航空等多元化经营协调发展转变，应用范围不断扩大，通航的运营也将弥补重庆航空运输的空白。再次，大力发展通用航空，对渝东南、渝东北等偏远地区，以生态涵养和生态保育为主的地区进行旅游开发也具有重要意义。如尼泊尔的私人航空公司考司米克公司，使用通航飞机运载游客，对世界屋脊——珠穆朗玛峰进行了壮观的鸟瞰飞行，欣赏喜马拉雅山脉的壮观美景。最后，通航基地建立，围绕其相关的交通运输业、物流、房地产业、零售商业网点、酒店餐饮、文化娱乐设施等也将得到相应发展。以低空经济为引导业态的各类总部将向以通航基地为核心的周边进行集聚，形成低空总部集聚形态，通航发展也将带动重庆现代服务业的蓬勃发展。

3．有利于提升重庆的城市地位和国际形象

城市发展力很大层面依赖于产业发展力。通航产业发展是集成了多种高新技术产业的资本密集型和技术密集型产业，代表了未来国际产业发展的方向。通航产业发展，将有利于促进高端生产要素向重庆集聚，从而大幅度提升重庆的城市高端制造与服务功能。通过建立通航研发中心、各类通航管控中心，提升重庆发展通航产业的话语权。与此同时，通航网络体系的形成，建立以重庆为枢纽的通航中心，将改变重庆城市的能级和向周边辐射传递的能力。理论上，以重庆主城区为核心，周边半径500～700公里的区域将都可能通过空中航线与重庆建立密切的各类经济商务活动往来联系。通过通航的发展，重庆成为区域性功能枢纽、要素集聚中心和国际化控制中心。通用航空服务经济社会的功能将在未来重庆打造国际化大都市的进程中得以充分体现。通过通航产业发展，将促进公共服务、社会应急以及金融商贸旅游等活动的蓬勃开展，进而提升重庆在西部的城市地位和城市形象。

（二）发展优势与机遇

1. 政策环境逐步开放

从2010年至今，我国关于通航产业发展与改革的各项政策密集出台，内容涉及低空空域改革发展、通航产业发展支持、通航基础设施建设、通航运营企业准入等，这为低空经济发展营造了积极的政策氛围。

2010年4月，国家民航局印发了《关于加快通用航空发展的措施》，内容涉及通航的发展规划、资金扶持、硬件建设、人员培养、管理服务、试点推进、政策协调等15个措施。

2010年8月，中国民航总局会同国家发展和改革委员会下发了《关于印发通用航空民用机场收费标准的通知》。该通知明确了通用航空机场收费项目和收费标准，做到价格透明合理，同时取消不必要的收费环节，降低了通用航空机场收费水平，减轻通用航空企业负担，并在现有收费标准的基础上起降费降低40%以上，停场费降低50%以上。

2010年10月国务院颁布《国务院关于加快培育和发展战略性新兴产业的决定》。该决定提出重点发展以干支线飞机和通用飞机为主的航空装备，做大做强航空产业。

2010年11月，国务院和中央军委发布了《关于深化中国低空空域管理改革的意见》。该意见提出的总体目标是通过五到十年的全面建设和深化改革，建立有效的低空管理体系，充分开发和有效利用低空空域资源。首次提出低空空域开放在今后十年将按试点、推广、深化三个阶段逐步推进。随后中国在长春、广州、海口进行低空空域开放试点，进而扩大至整个东北和中南地区，以及唐山、西安、青岛、杭州、宁波、昆明、重庆等地。

2011年5月，中国民航总局发布《中国民用航空发展第十二个五年规划（2011—2015年）》。该规划提出，要全面布局和建设通用航空机场、临时起降点，运输机场规划要兼顾通用航空服务的需要；鼓励通用航空企业和社会力量参与通用航空机场以及运行保障设施建设；建设和完善空管、维修、航油配送等保障设施，形成一批航空服务站，引入固定基地运营商，新建哈尔滨、呼和浩特、乌鲁木齐、珠海等航空汽油配送中心；支持在东部沿海、东北和西部地区构建农林防护、海洋维权、应急救援等公益性航空服务网络；加快通勤机场布局和建设。

2011 年 11 月 30 日—12 月 10 日，民航总局机场司委托中国民航工程咨询公司编写的《通用机场建设标准（征求意见稿）》向社会各界征求意见。该标准是中国首个专门为通用机场建设制定的标准，确立了安全、适用、经济、可持续发展的通用机场建设原则。从标准来看，即便是要求最高的一类通用机场，在选址、机场排水工程标准等方面，都较现行的运输机场建设标准更加宽松。

2. 市场需求日益旺盛

通用航空消费需求主要集中在私人娱乐、旅游飞行、公务飞行、航空训练飞行、体验飞行等方面。航空旅游、公务商务出行、紧急应急救援等均需要依托通航的健康发展，国内从购置或使用飞行器的主体来说，主要有国家警务公务部门、大型国有企业、私营企业家、演艺明星、飞行俱乐部等。规模巨大的中高端消费阶层正在崛起，他们是航空器的新兴而重要的消费群体。以北京为例，2008 年以来公务机业务量由近4 000架次增长到8 000多架次，增长115%，市场成长性非常好。据《2010 胡润财富报告》显示，中国共有 5.5 万个亿万富豪，其中有 1 900 位十亿富豪和 140 位百亿富豪。他们年均消费为 170 万元，其中约有 1/3 的人能够承担公务机上千万元的购置成本和年均约 300 万元的维护成本。这些人正是公务机的重要潜在客户。假设未来 10 年，中国仅有 2%的亿万富豪购买公务机，那么需求量将达到 1 100 架，市场潜力巨大。

我国居民对通用航空领域的消费能力、消费意愿已积累到一定程度。在经济发展水平较高的长三角、珠三角地区，企业、个人自行购置航空器的现象已屡见不鲜，在修建自用机场、发展配套航空消费产业等方面也进行了有益的尝试。2012 年，重庆人均 GDP 已经超过 6 000 美元，初步进入休闲经济时代。在渝洽会 2013 中国（重庆）通用航空产业发展论坛上，中国航空运输协会通用航空委员会副秘书长唐继龙称，重庆 800 名亿万富豪中，13%的人有购买公务机和私人飞机的意向①。重庆、四川、湖北、湖南和贵州等西部地区地理位置相近，经济往来联系密切，特别是以重庆为中心，到西安、成都、贵阳、武汉、长沙中心城市的空中距离在 300 ~ 700 公里不等，这是通用航空公务商务出行的最适合距离。未来西部重点中心城市的交通及娱乐消费，将伴随着通航产业的发展而不断崛起，这一块的市场潜力巨大，

① 《重庆 800 名亿万富豪 13%想买飞机》，载于《重庆晚报》，2013 - 05 - 18。

而重庆居于各大城市中心枢纽地位，其市场前景不可限量。

表5-4 我国主要通航生产企业名称及生产机型

制造商	机型	特点
中航工业石飞	运-5系列	1~2座单发小型多用途飞机
中航工业陕飞	运-8系列	四发涡轮螺旋中程多用途飞机
中航工业哈飞	Y-12系列	轻型双发短距离起落通用飞机
中航工业一飞院、石飞、中国民航大学	小鹰500	4-5座单飞轻型多用途飞机
中国工业特飞所、石飞	海欧300	单发六座轻型水路两栖飞机
中航工业洪都	农-5B	单发涡桨农林飞机
中航工业直升机所、昌飞	直11系列	单发轻型多用途直升机
中航工业哈飞、南方公司等	直9A	双发多用途直升机
中航工业哈飞	H410系列	直9基础上改装的多用途直升机系列
中航工业沈飞	162型	与美国塞斯纳合作的轻型运动飞机，用于飞行培训、私人娱乐飞行
山东滨澳	DA40TDI型	四座单发多用途机
席勒（中国）	UH-12	民用轻型直升机
九江红鹰	SW-4型直升机	5座民用直升机
宁波东风	东方1号	2座轻型直升机
北京科源	蓝鹰AD200C	双座单驾驶观乐机及双座双驾教练机两种
西安凤凰	CH200型	轻型通用机

3. 重庆成为国家第二批低空空域改革试点城市

国家空管委日前表示，低空空域改革试点现在已扩大至“两大区、七小区”，即沈阳、广州管制区，唐山、西安、青岛、杭州、宁波、昆明、重庆管制分区，试点地区面积占全国陆地空域面积的31.6%。在上述试点区域，空管部门将低空空域划分为管制、监视和报告三类，建立相应的通信指挥和低空监视设施，实行分类管理。2012 年，重庆继沈阳、广州之后作为我国第二批低空空域改革的先行先试城市，为低空空域的使用提供了更加宽松的环境，为推进低空经济发展先行政策、赋予和争取国家重大项目落地提供了政策优先通道。重庆发展低空经济，可以结合自身的特点，创造性地提出一些改革和政策创新措施，为低空经济发展打下扎实的政策平台。

4. 重庆已经形成一定产业基础

目前，我国通用航空业产业的集中度低，进入的门槛不高，还有通用航空业过于庞大，在相当长的时期内还难以形成寡头垄断经营的格局，这就为不具备相对优势的重庆从无到有进入通用航空业创造了难得的机遇。重庆近年来大力发展低空经济，已经积累了一定的基础。一是制造业实现零的突破，两江新区成功引进瑞士皮拉图斯、美国恩斯特等航空企业，在两江新区龙兴工业园兴建了 10 平方公里的两江航空产业园，一条 1 200 米的试飞跑道和飞机总装厂正在建设中，两江航投集团、重庆直投、美国霍尼韦尔、瑞士皮拉图斯等产业主体相继入驻两江新区，预计将年产近百架轻型直升机和固定翼飞机。在 2013 年渝洽会上，重庆直升机投资公司与 10 位买家签订直升机出售协议。在这 10 笔订单中，机型分别为 480B 和 280FX，前者为 4 座或 5 座轻型多用途民用直升机，售价为 800 万～1 000 万元；后者为 2 座或 3 座轻型多用途直升机，售价为 400 万～600 万元。这 10 架直升机的买家为市公安局、市安监局以及市内外的一些民企老板。二是重庆正在积极打造我国第四大航空枢纽。2013 年 4 月 23 日，重庆江北机场第三跑道及东航站楼项目可行性研究报告获得发展和改革委员会的正式批复，第三跑道设计长度 3 800 米，建成后，它将与渝新欧铁路、长江黄金水道一起，将重庆打造成水陆空协调互动的复合型物流集散中心，这为通用航空发展创造了积极的因素。三是重庆已经有数家通航公司（俱乐部）在运营中。这些通航运营企业主要集中在动力伞、热气球、动力三角翼、牵引伞、飞艇等空中体育娱乐项目。由于在国家层面尚未出台关于通航产业布局的整体规划，未来我国低空经济在产业发展模式和区域布局中，各城市从自身区域利益最大化出发，大力推进通航产业的发展。通航产业在我国发展将有一个由“乱”到“治”的过程，在这场竞争中，谁最先拔得头筹，率先占据产业的制高点，把握产业发展的先导权、话语权，谁就是未来低空经济发展的最大赢家。

表5－5　重庆市部分通航运营企业名称

序号	公司名称	飞行器类型
1	重庆海桥航空体育运动俱乐部有限公司	动力伞、滑翔伞、热气球、飞艇
2	重庆神州航空体育运动俱乐部有限公司	热气球、滑翔伞、动力滑翔伞
3	重庆源道航空体育运动俱乐部有限公司	动力伞、热气球、动力三角翼
4	重庆市顺晟广告文化传播有限公司	热气球、动力伞、飞艇
5	重庆市神翼航空体育运动俱乐部有限公司	动力伞、动力三角翼、热气球
6	重庆市长寿湖旅游景区管理有限公司	动力三角滑翔翼、牵引伞

资料来源：重庆市体育局产业处。

（三）发展劣势与不足

通航产业发展不是一蹴而就的，它涉及空间管治政策、市场发展的成熟度、产业配套完善度等，目前通航产业还需要有一个3～5年产业培育期，其相关支持系统还有待进一步完善和提升。当前，制约重庆通航产业发展的因素主要表现在以下几个方面。

1. 以机场为代表的通航基础设施薄弱

重庆市低空经济才刚刚起步，通航公司是低空经济的微观发展单元，作为通航公司成立的最基础的前置条件就是必须要依托一个固定的通航基地。当前，重庆全市域内没有建立一个专门可供固定翼飞机起降的通航机场，通用航空器的停放、起飞、降落、维修、作业保障和服务范围都受到很大的限制。固定翼通航飞机的作业全部依靠公共航空机场进行起降、停靠，这在当前，有可能对比较饱和的江北国际机场日常生产造成一定的干扰。与通航相关的航图和空中管理服务体系（如加油、通信、气象、导航、航材保管等服务，见图5－6）没有建立起来。

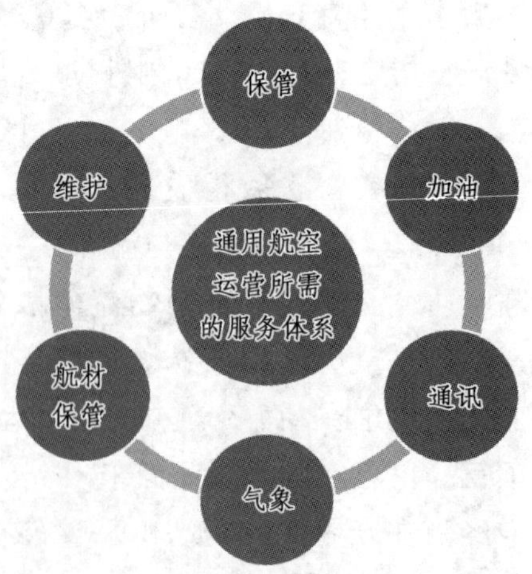

图5－6　通用航空运营支持体系

2. 产业链式发展水平低

低空经济的成长过程实际上是一个上中下游产链相互联系、相互作用、相互制约的过程，各产业环节之间的配合协作十分重要。从低空产业链构成来看，通用飞机制造是核心，上游是配件制造，下游是销售。我国附加值较高、技术含量较高的喷气式通航飞机、商务飞机等几乎全部依赖进口，高端私人飞机及公务机基本被美欧几家厂商所垄断。据统计，2007 年年底，国内通用航空在册飞机、直升机中，国产固定翼飞机比例为 42.7%，且大部分为低端产品，而国产直升机比例仅为 2.4%。重庆推进通航产业发展，需要从研发制造、市场营销等诸多方面来通盘考虑，当前，重庆的通航制造、研发及售后服务水平处于一个初级阶段。从制造环节来看，重庆的通航产业发展主要为来料组装，目前没有一家能进行自主研发和制造的通航公司。从服务来看，通航飞机主要以租赁的方式实现。据业内统计，截至 2011 年中国民航领域 1 850 架飞机中，约 60%都来自于租赁，而该比例在全球范围更是高达 80%。专家测算认为未来 20 年内，中国约需新增运输干线飞机 2 822 架，按照已有的 6:4 的租赁和购买比例测算，中国将有 1 830 架飞机以租赁方式引入，所涉金额将高达 1 460 亿美元。可以说，通航金融等服务业也是一块巨大的蛋糕，有待各方挖掘分享。在通航飞机的销售、通航飞机的租赁等服务领域，重庆也暂时是一片空白。

3. 政策性障碍仍没有明显突破

现阶段在民航法规体系中对于通用航空还存在规章针对性不强，对通用航空管理沿用运输航空标准、规章间衔接性不强等问题，因此发展通航产业还有一系政策障碍需要破解。

相关链接：我国空管体制模式

现阶段中国空管体制的基本模式为，在国家空管委的领导下，空军统一组织实施全国的飞行管制，军民航按照各自职责分工。中央军委下属的空管委是最高空域管制机构，空管委负责审批飞行管制区、高空管制区、终端管制区、低空空域。总参谋部负责审批国内航路、临时空中禁区、限制区、危险区以及国际航路部分航段调整。空军负责提出空中限制区、空中危险区划设方案，审批国内航路部分航段调整、新辟与航路连接的某段航路，国内固定（临时）航线、空中走廊、临时空中限制区、临时空中危险区、飞行管制分区、国（边）境机场飞行管制区。

在内地，民航空管系统（ATC）的权力很小，只负责提出航路划设调整方案，划定中低空管制区、进近管制区和民用机场塔台管制区。民航班机和运输机只有在向空军申请后，才能获得部分固定航道。

我国现在民用空域分为A、B、C、D四类空域，全部为管制区而没有非管制区。A类高空管制空域，在我国境内标准大气压高度6000米以上空间；B类中低空管制空域，在我国境内标准大气压高度6000米（含）至其下某指定高度空间；C类终端管制空域，指在一个或者几个机场附近的航路、航线汇合 处划设的、便于进场和离场航空器飞行的管制区域；D类为机场管制地带，通常包括起落航线和最后进近定位点之后的 航段以及第一个等待高度层以下至地表的空间和机场机动区。

此外，重庆通航发展还有赖于一批专业的飞行员、飞行技师、飞机维修技师等专业人才的培养，而通航产业作为一个新兴成长的行业，投资风险仍然偏大，产业的融资渠道仍比较狭窄。

四、发展目标愿景与路径

（一）发展愿景

重庆大力发展通航行业，既是国民经济和社会发展到一定阶段的必然产物，也是抓住历史性机遇，优化区域发展环境，培育新的经济增长点，提升经济发展质量的重要举措。为此，重庆需要以政府为主导，以市场为主体，在确保航空安全的前提下，利用重庆作为我国低空空域改革试点城市等有利因素，加大改革创新，加快构建通用航空发展的基础设施体系和服务体系，大力营造有利于低空经济发展的综合环境，用10～15年左右的时间，集中打造通航产业发展的“一基地一枢纽一中心”，即我国重要的通航制造业基地，长江上游地区商务及公务机营运枢纽，集通用航空销售、会展金融、教育培训于一体的西部通用航空服务中心。（见图5－7）

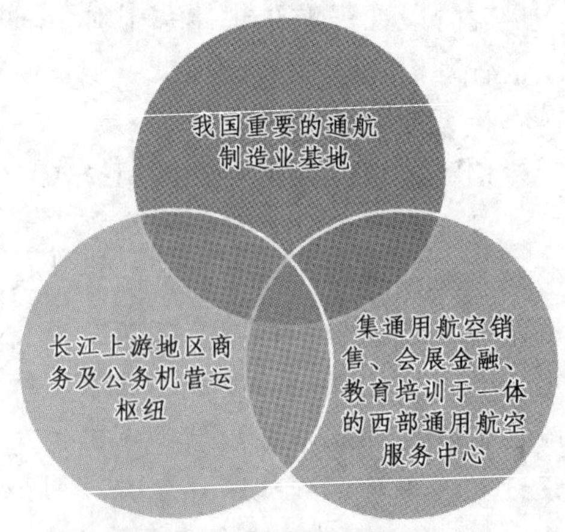

图5－7 重庆通用航空“一基地一枢纽一中心”定位

（二）发展目标

1．近期目标（2014—2018 年）

近期主要是推进通用航空的制造业和基础设施建设，到 2018 年年末，形成年产各类通用飞机 200 架、航空发动机 500 台的生产能力，年产值达到 200 亿元。在全市域范围内新建成通用航空机场 1 ~ 2 个，各类直升机起降点 40 个以上。培育 1 个拥有通航飞机 50 架以上的飞行机队。

2．中远期目标（2019—2025 年）

中远期，要努力推进通用航空由制造向运营和服务等方向发展，积极拓展通用航空在国民经济中的广泛运用。积极拓展通用航空制造业的上下游配套体系，建成在国内具有重要影响力的通用航空生产基地，到 2025 年年末，全行业产值达到 1 500 亿元的规模，其中通用飞机制造与维修实现年产值 1 000亿元；发动机制造和维修实现年产值 300 亿元；机载设备、航空电子、复合材料等制造业实现年产值 100 亿元；航空服务实现年产值 100 亿元。率先在西部建成国内最先进的通用航空基础设施体系，形成“一中心十骨干百场点”的通用航空机场及配套基础设施网络体系布局。培育 3 个以上拥有 100 架以上通用航空器的飞行机队。

（三）发展路径

国家对通用航空管治的放开有一个渐进的过程，重庆发展通用航空，需要与国家宏观战略和国家通用航空产业发展路线相吻合，与当地的经济发展水平和市场发育认知程度相适应。重庆通航产业发展的部分要素缺失，还需要慢慢积累和补充完善。为此，可以将重庆通航产业发展路径确定为“政府主导、市场促进，政商双轮驱动；制造固基、场点优先，产营联手并进”的模式。

政府主导、市场促进，政商双轮驱动：通航产业既是一个新兴成长型产业，也是一个投入巨大、见效周期较长的产业。产业发展初期和产业发展的基础设施投入巨大，仅凭一己之力是无法在短时间内达成目标的，需要推进投资主体的多元化，即发挥政府和市场两个车轮的力量共同驱动，两轮的力量又各有侧重。

政府这支驱动轮需要发挥纵横捭阖、综合协调、传递联络的功能。向上，政府要努力发挥综合协调和属地行政调控职能，加强向党中央、国务院的工作汇报，取得国家层面对重庆低空空域改革试点政策的支持，强化与航线审批相关的成都军区、中国民航总局空管局等多个部门的协调与沟通，着力在重庆率先推进以发展低空经济为主要内容的低空空域改革。向下，加强宏观协调与指导，尽早出台重庆低空经济发展的规划及布局方案，对具备发展通航产业条件的区县加大政策扶持，促进相关产业尽早落地，并形成产业集聚示范效应。水平层面，传递与周边省市以及社会投资者发展通航产业的意向，营造通航产业发展的决心和发展环境，以政府为主，先期投入一批通航产业项目，作为“种子”产业，筑巢引凤。

市场这支驱动轮的力量更多地集中在产业投资与运营领域。政府放手大胆让市场主体竞相投资，不直接参与一些竞争性项目的建设，不与民争利。可以根据产业链每一个环节的特性，积极引入战略投资者来进行规划投资。如在制造业环节，通过合资、并购的方式吸引国外顶级直升机和固定翼飞机制造公司。在运营环节，可吸引公务机运营公司、飞机租赁公司、飞机维修公司来重庆布局。在基础设施建设环节，可结合小型通用机场建设，引入民间资本，私募公司，并联动进行旅游地产、商务会展等现代服务业一体化打造。在服务环节，直接与国际大型通用航空销售商、飞机租赁商、通航金融公司开展合作，并引入国际知名的飞机培训学校和飞行专业人才等，壮大重庆通航服务业声势。

制造固基、场点优先，产营联手并进：通航产业链十分丰富，但通航产业一旦缺乏相关配套的支撑以及若干先行产业的引导，则无法实现整个产业链的联动运作和壮大发展。为此先期需要通过发展通航制造业，来夯实区域产业发展基础，营造产业发展的氛围，在短时间内迅速形成集聚规模效应。通用航空需要通过通用机场和航线来进行运行，如果没有通用航空机场、航线等重要基础设施和条件，则相当于有汽车没有道路，有火车没有铁轨，通用航空就无法开展相关的运营活动，因此，通航产业的关键点是建立能够适航的机场或起降点。为此，重庆在发展通航产业还需要两手一起抓，一手抓通用航空产品的生产制造，一手抓通用航空场点体系建设，产业与运营联手并进发展。

一只手抓生产制造。通航产业技术密集型和资本密集型等特征明显，由于不同环节技术、资本和市场要求不尽相同，各个环节的进入条件也不尽相同。其中，飞机研发设计、航空发动机等零部件制造要求技术能力最高，资金额巨大，进入门槛最高，附加值也最大。对于重庆而言，比较明智的选择是先期选择通航飞机的整机装配和一般零部件生产环节。从这几个环节入手，依托两江新区通航产业园，大力发展通用航空器的组装制造，力争成为国家级通用航空产业综合试验区。从 CKD（全散件组装）和 SKD（半散件组装）入手，遵从工艺流程升级、产品升级、功能升级和价值链升级四个阶段，有层次、分步骤地向上攀登，通过整机制造所形成规模群集效应以及技术外溢的学习模仿效益，完成 OEA（加工组装）到 OEM（贴牌生产）转变。随着国内外企业协同发展网络的建立，贴牌产品的技术含量不断增加，技术外溢效益进一步扩大，再由 OEM（贴牌生产）向 ODM（自行设计生产）过渡，从而有力地促进重庆通航关键零部件乃至最后整机的自主开发生产体系的形成。在此过程中，大量配套厂商将形成地理集聚，并将在生产实践中培养一批与机务维修、通航相关的通信、电子领域人才，还可使通航试飞基地、小型通航机场等基础设施尽早建设并具有形成网络的可能。

一只手抓市场运营。要及早启动通航相关的市场运营工作，为做大低空经济规模，扩大通航影响力创造先决条件。在 2015 年以前，重庆在做好公共航空机场和军用机场的通航功用拓展外，还要集中力量推进在区域内 1 至 2 个通用机场建设竣工，并做好一批直升机起降点的选点规划。以飞行运营为起点，通用机场建设、综合服务（航油、空管、气象等）作支撑，先期选择开展航空体验观光、政府公务、航空旅游、飞行员培训等业务，开始航空体验、航空展览等业务，逐步开辟固定旅游线路的空中走廊。近期通用机场的建设，必须充分考虑到机场自身运营发展的可持续性。可依托具有开发价值的旅游区按照“景区低空观光 + 文化养生 + 旅游地产”一体化开发模式进行推进。在通航机场建成以后，可邀请国际通航运行者前来提供飞行服务（如香港飞行服务队的模式），以利于重庆市和各区县政府公务的执行、商业人士的流动交通、观光视察等活动，通过购买飞行时间的方式支持运营方的生存与发展。伴随着重庆飞行业务的逐步开展，后期继续重点推进航油供给、金融保险、机务维修、航空零部件销售和飞行员培训业务的开展。基于可预期的未来通航飞机市场的大规模需求，各类通航产业集群会逐步形成和高度地理化聚集，重庆通航飞机制销一体化也将会水到渠成。

五、产业发展方向

（一）发展重点

1. 航空装备生产

整机和发动机制造。依托两江新区通航产业园区，并在主城区其他市级工业园区选择 1 到 2 个园区，积极承接世界通航知名制造业公司的产业转移，引进国外成熟产品技术，通过合资引进成熟机型，由来件组装到形成部分零部件、机载系统、发动机等航空产品的配套生产能力，最终形成直升机和固定翼飞机的自主研发设计和生产能力。拥有超轻型、轻型、中型直升机及固定翼飞机共 10 个以上系列产品的生产能力。发展重油活塞发动机、涡喷发动机和公务机用涡扇发动机等航空动力发动机。

航空配套产品。重点发展航空机载电子业、航空新材料业、通用航空飞行监视与管理设备、飞行服务系统设备、空地一体的通用航空机场指挥调度设备。

航空设备维修。建立飞机和发动机维修领域内的技术储备，组建一体化的航空设备维修业，形成从发动机、飞机整机、电子设备等的全系列维修产业，拓宽航空设备维修市场，承接国内航空设备维修业务。

2. 航空运营服务

通航运营。重点推动发展公务飞行、城市公共服务飞行、运营保障体系建设、机场基地建设等业务。吸引国内外知名的航空运营机构以重庆为基地开展公务飞行业务。鼓励社会力量从事航空器代管、直升机驾驶员私照培训、直升机机外载荷飞行、空中巡查、空中交通疏导、医疗救护、航空探矿、抢险救灾、应急保障等城市公共飞行业务，实现重庆城市管理、应急救援体系的立体化。

航空地面服务。发展功能全面的固定运营基地（FBO）、深度保养和大型维修/改装基地（MRO）和快捷便利的飞行服务站，满足商务公务机营运枢纽的保障需求。建立面向私人飞机服务的 FBO，开展飞机销售、托管、维修维护业务。依托江北国际机场驻场单位的配合，提供航油加注、航务飞行计划和航空气象信息等综合服务，为未来进驻两江新区航空产业园作业的通用飞机提供综合技术保障支持和航空专业服务。

3. 航空配套服务

航空金融与设备销售。积极发展飞机融资租赁、保险等服务业。利用重庆国博中心等会展资源打造重庆通用航空国际展览节，并提供固定的展销平台。拓展航空飞行器的展示与销售，在重庆两路寸滩保税港区或者西永综合保税区开辟保税航空器租赁与销售业务，为25吨级以下小型飞机提供保税展销、仓储等服务。依托重庆西部物流基地或巴南南彭物流基地，以通用航空飞行器关键系统及零部件、地面保障设备等产品销售为重点，形成国内通用航空产品的的西南销售集聚地。

航空旅游休闲。依托通用航空发展所形成的立体网络和通航机场形成的空中交通枢纽，大力发展高端商务休闲、会议博展等航空旅游主题项目。在重庆重要的旅游风景区所在地打造2到3个航空旅游主题小镇，形成以低空航空运动观赏与体验为主体，集航空运动、休闲度假、旅游教育为一体的航空旅游主题综合服务基地，并配建酒店、会所、度假疗养公寓等服务配套设施。积极开展航空体育运动、飞行器托管、航空展览、酒店服务、会员俱乐部、航空运动飞行节等项目。

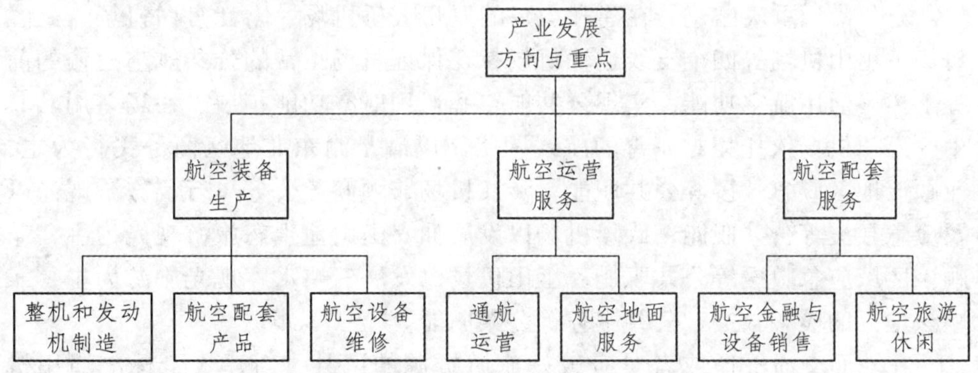

图5-8　重庆市通航产业发展重点方向

（二）通航机场设施布局

结合重庆市应急救援、公务及商务飞行、通勤、航空旅游休闲等各类需求，根据普遍服务、资源共享、分层分类的原则，因地制宜建立并完善重庆通航机场、场点及相关管控运营网点布局，最终打造形成“一中心十骨干百场点”的重庆通航机场体系布局，争取实现全市域范围内的通用航空服务全覆盖，并形成向周边省市主要城市快速联动辐射的格局。

1. 一中心

依托两江新区通用航空产业园并大力拓展重庆江北国际机场拓展通航功能，打造与重庆国际化大都市、国家级中心城市、西部地区经济增长极和长江上游地区经济中心相适应的重庆通用航空中心。重庆通用航空中心的定位是高端的和综合的，既是全市通用航空的制造业基地，也是通用航空的服务枢纽，还是重庆乃至西南地区通用航空的指挥调度中心。其主要功能是：满足通用航空验证飞行、机务维修、航空旅游、航空会展、航拍航测、教育培训、飞行体验和主城区的警用航空、空中应急救援等工作，适时发展与通用航空相配套的金融租赁、物流、教育培训、会议博展等经济项目。

2. 十骨干

十个骨干通航机场以公共机场和新建机场的方式形成，包括四个支线公共运输机场、市域内的三个空军军用机场和拟新建的三个标准化的通用机场。

充分依托重庆已建、在建和拟建的万州五桥机场、黔江舟白机场、武隆机场、巫山机场等四个支线运输机场，在保证机场正常的公共航空运输的前提下拓展通用航空功能，实现公共航空和通用航空功能拓展、一场多用。其中，万州机场依托相对完善的航线网络，以满足渝东北地区商务飞行为主，兼顾该地区应急救援等公共职能；黔江机场兼顾商务公务飞行、旅游观光以及应急救援等公共职能；武隆机场以发展仙女山山地生态旅游观光为主，兼顾该区域应急救援等公共职能；巫山机场以发展三峡水库观光旅游为主，兼顾该地区的应急救援、公共服务等公共职能。

在地面交通不便或者具有较好旅游资源的区县，新建 3 个标准通用机场，引进通用航空的固定基地运营商，3 个新规划选址拟建的通用机场按照二类以上通用机场标准进行建设，其备选区县为永川、江津、合川、荣昌、潼南、城口、奉节、秀山、万盛、南川、石柱、綦江、丰都等。机场的主要功能为满足应急救援、公共服务、商务公务飞行、空中旅游观光等需要。结合 3 个标准化通用航空机场建设，拓展航空体育、航空会展会议、旅游地产、航空培训等衍生产业，实现多种产业业态复合叠加式发展。依托通用机场便捷的交通设施，在其周边打造 1 到 2 个具有典型山地生态特色的航空休闲旅游小镇。

推进军民结合，积极协调空军大足机场、梁平机场、涪陵机场等市域内三大军用机场，拓展全市通用航空运营平台，主要用于抢险救灾、应急救援、空中警务、临时公务活动等领域。

3. 百场点

在重庆没有建立标准通用机场的其余 19 个远郊区县布局至少 1 个直升机起降点，其他区县结合需要布局直升机起降点，主要满足商务公务活动、应急救灾、医疗救护等需要；选择在重庆 4A 级以上重要旅游景区、国家级自然保护区、国家森林公园、国家地质公园等特殊区域布局 20 个以上直升机起降点，主要服务于森林防火、应急救援、观光旅游等；在国家干线高速公路选择 50 个重要服务区布局固定直升机起降点，用于抢险救援、应急空中转运等；在重庆市 10 个甲级以上医院布局直升机起降点，用于紧急医疗救护。最终在全市形成由 100 个通用直升机航空起降场点组成，布局合理、覆盖完善的空中交通网络。

六、相关对策建议

（一）积极协调国家有关低空试点政策在重庆先行先试

积极协调国家民航总局等有关部委、国家空管委、成都军区等部门，取得他们的支持，协调有关低空空域管理改革的重大项目在重庆落地。一是在重庆打造一个服务于通航发展的各类行政性总部服务中心，由重庆提供土地和办公场所，鼓励各类通航与产业运营机构入驻。二是争取以国家级开发开放新区——重庆两江新区为依托，在重庆设立国家级通用航空产业国际合作示范区，作为承接国际通用航空制造业及服务业转移的西部示范基地。三是争取民航西南地区适航审定中心落户重庆，打造通用航空西南管制中心。四是向国家减灾委员会等部门建议在重庆建立中国西部紧急救援指挥调度中心，推进重庆率先成为全国立体应急救援体系试点省市。五是利用重庆新拟建的标准通用航空基地，结合通航旅游小镇的打造，积极争取一个具有国际影响力的航空旅游表演与通航展销节在重庆举办，并作为固定的举办基地。六是鼓励央企在重庆设立航材集散中心、航油供应结算中心，打造西部地区重要的通用航空产品交易平台。七是争取国家批准重庆依托两路寸滩保税港区或西永综合保税区，开展飞机保税展销和金融租赁业务。根据我国《海关保税港区管理暂行办法》，保税区可开展存储进出口货物、对外贸易与国际采购、分销配送以及国际中转、商品展示等具体业务。区内商品视同境外，直至出区时才需缴纳关税，因而能为各类涉及进出口的企业提供巨大便利，可据此政策推进通用航空与保税港区政策的有机结合。

（二）鼓励多元化社会投资者进入通航产业领域

通用航空产业的发展不能只由政府唱独角戏，必须大力提倡和鼓励社会力量广泛而深入地参与重庆低空经济建设。投资通用航空的选择性很高，政府要放宽门槛，从生产、运营和服务都可以对各类社会资本敞开大门。鼓励社会资本进入通用航空机场体系建设，经营通用机场、固定维修基地，并依托通航机场拓展土地开发；鼓励社会资本进入飞行器和设备制造，通过兼并收购，打造具有重要影响力的重庆通航制造企业；鼓励社会资本从事航空运输、摄影、观光、紧急救难等飞行任务，参与飞机销售租赁、融资、管理，从事飞行员培训、机务人员培训、通用航空作业、通用航空维修、通用航空保障服务代理，以及设立固定运营基地等。对有志来渝投资和建立基地的运输航空、通用航空和公务机企事业单位，市政府要为其在办公地点选址、减免税收和人才培养等方面提供便利或者保障，增强投资人对重庆发展通用航空产业回报的信心。加大对国际国内通用航空企业的招商引资力度，促进企业和新项目落户定点的特色产业区域，增强产业聚集效应。鼓励重庆本土企业以通航产业为核心，推进“通航 + 旅游 + 会展 + 地产 + 金融”产业联动发展，为重庆低空经济先行先试提供示范。

（三）加强对通航产业的协调与推进工作

进一步加强组织领导，在重庆市通用航空领导小组的基础上，成立专门的通航产业发展办公室，挂靠重庆市发展改革委，作为全市通航产业发展的协调与管理办事机构。尽快制订出台重庆通用航空中长期发展规划，作为重庆通航产业发展的纲领性文件。通航产业发展规划应提出将全产业链打造作为重庆低空经济发展的重要思路，从研发设计、生产制造、通航运营、配套服务等环节入手，形成网链整合的通航产业发展格局。加强通航在全市现代农业、环境保护、抢险救灾、应急救援等各项公益事业发展中的运用，以期引导通航产业在国民经济各项领域综合运用打下扎实基础。制订出台重庆通航航空场点布局规划，推进通用机场建设的先行一步。及时对拟建通航场点进行规划控制，预留充裕的土地。完善通航机场等设施的布局，在拟建的江北国际机场第三跑道和第三航站楼项目初设中，预留并建立通航公务机公共运营区，将通航作为重庆打造国家级航空枢纽的一个重要功能来对待。并注意规划与重庆市国土利用规划、城市规划、产业规划、环境保护规划以及旅游发展规划等的衔接。

（四）出台并完善相关扶持政策

为推进通航产业投资的主体多元化，特别是鼓励社会资本低门槛且有效率地进入，促进产业链与产业集聚的尽快形成，需要从土地供给、税收减免返还、作业补贴等方面出台相关扶持政策。建立“通航产业发展绿色通道”，在项目立项、规划、用地审批等手续上，相关部门应给予便利化服务。符合各类专项财政基金支持范围的，如工业技术改造、新型工业化基金，旅游产业结构调整基金。新农村建设基金等，应给予充分支持。支持通过政府在防汛、商务飞行、市场考察等公务活动中和农林养护、应急救援、专业飞行训练等公共服务时，向社会化的公司采购飞行时间量，鼓励民营企业做大做强。对于主要从事农林航空等公益性项目的通航企业，给予税收优惠。加大财政补贴力度，每年投入不少于5 000万元，对执行紧急公务飞行、搜救、消防、紧急医疗救援、抢险救灾、农林航空、资源勘测以及环境保护等服务项目给予作业补贴。对通用机场建设在用地指标上，给予优先照顾支持，结合航空旅游小镇打造，在项目公司建设通航机场且延伸发展旅游养生小镇等具有重大带动力产业项目，在土地使用上给予税费减免。对于有重大影响和特殊推动作用，投资金额大、产业关联度大的优质项目，按照“一事一议、特事特办”的原则，给予更加优惠的政策措施。

第六章

产业承接与本地根植：以笔电产业为例

近年来，台资出现沿长江西进和向中西部挺进的趋势，重庆作为西部重要的中心城市，以其良好的产业基础、突出的综合交通区位、强大的科技人才支撑等优势，率先成为台商投资西部的热土。2008 年，重庆通过引入惠普富士康等入渝，着力打造形成品牌商、代工商、零部件制造商垂直整合一体化的产业体系，构建世界最大的笔记本电脑生产基地。重庆另辟蹊径推进与台系电子信息产业深度合作，推进了产业结构的战略转型与升级。本章以笔电产业为例，提出重庆大都市区产业承接与促进本地化根植的若干方略。

一、世界计算机产业发展现状及转移趋势

（一）全球产业细分与产业结构调整加快

当前，世界计算机产业面临着较为复杂的形势。一方面，产业分工更为突出。世界计算机生产网络的核心是拥有系统集成能力和控制能力的领导厂商，围绕其周围的是大量中小型专业化供应商，作为品牌领导厂商和合同制造商 IBM、英特尔、戴尔、惠普、索尼、东芝等公司，控制着计算机的全球品牌、架构和设计标准，它们不断放弃内部制造能力，将资金投入到营销和产品研发等高增值环节，将产品生产委托给合同制造商或当地各级供应商来完成。（如表 6－1 所示）如鸿海等合同制造商没有自己的品牌产品，通过建立全球生产网络为品牌领导厂商提供一体化制造和全球供应链服务，采取垂直一体化战略，整合不同国家或地区的计算机产品生产链的不同环节，为品

牌领导厂商提供全面服务。

表6－1　全球个人电脑的市场份额分布

公司	发货量（千台）	市场份额（%）
惠普	50 526	18.8
戴尔	39 993	14.9
宏碁	21 206	7.9
联想	20 224	7.5
东芝	10 936	4.1
其他	126 075	46.9
总计	268 960	100

资料来源：国际数据公司（IDC），2007。

与之同时，以3C融合为代表的信息技术发展趋势进一步明显，计算机产品向便携化、多样化、智能化、网络化的方向发展，呈现台式机、笔记本、上网本等多种种类，逐步由台式机向便携式计算机、低成本计算机、一体机以及高端计算机等多样化产品形态发展，这些对计算机整机企业的研发、设计、制造、生产、品牌以及相关产业链企业的整合能力提出新的挑战。数字家庭与3C融合概念进一步普及，个人计算机家庭数字娱乐中心作用将逐步加强，节能技术、健康环保工艺、散热设计、细节设计等特色技术将被大量采用。

（二）金融危机深化地区布局竞争

自2008年下半年以来，国际金融危机对实体经济的侵入，大中小企业紧缩开支，全球计算机市场增长缓慢，信息产业中的最主要的4个领域——计算机硬件、软件、IT服务和通信等均呈下滑趋势，其中最明显的是计算机硬件销售。2008年、2009年增速减缓，到2010年才有所回稳。（见图6－1）

从地区产业竞争态势来看，日本、韩国、美国及中国台湾地区竞争日益激烈。一方面，跨国公司对上游行业的拓展力度增强，2008年，惠普、戴尔收购了多家软件服务企业，东芝收购了富士通硬盘业务。另一方面，内存芯片、显示面板等上游行业均在酝酿新的整合，日本、韩国、美国及中国台湾地区大企业间的竞争日益激烈，台湾地区力图在技术创新和大企业整合方面有所突破，吸引了众多国际公司前来合作，这些对计算机行业格局带来新的影响。同时，众多跨国公司在缩减全球业务的同时，加大了对中国市场的布局。

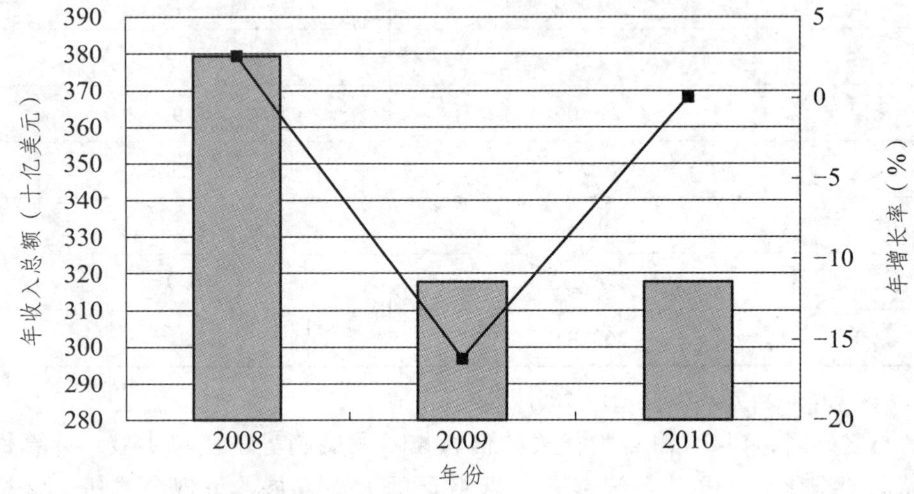

图 6-1　2008—2010 年世界计算机硬件销售走势

总体而言，世界计算机产业技术研发、品牌营销与高端制造多位于发达国家和地区，形成拥有独特资源包括高端研发能力和精密工程技术的“卓越研发中心”。发达国家与跨国公司向低成本国家转移生产的趋势仍未改变，价值链低端的一般部件制造、组装等转移到劳动力多而便宜的发展中国家，形成能提供及时且成本较低的生产服务的“成本节约中心”。为保持产品竞争力或更好适应当地的市场需求，许多跨国公司开始将非核心的高端技术转移至发展中国家，或直接在发展中国家设立区域总部、研发中心，随着标准化成熟技术的加工生产不断向低成本国家和地区转移，各国在核心技术领域的研发投入和追赶一刻也没有放松。

中国台湾是全球第三大信息产品生产地，多项产品的产量高居世界第一位。监视器、显示器、主机板、芯片组、笔记本 PC、扫描仪、晶圆代工等产业在全球市场上均拥有超过 50%的市场份额，台式电脑也占有将近四分之一的市场份额，特别是 IC 产业和光电产业在全球 IT 业的地位举足轻重，具有国际性比较优势。

一是晶圆代工产业居世界之冠。我国台湾地区的 IC 产业以晶圆代工为核心参与全球市场的竞争。根据市场研究公司 Gartner 针对全球晶圆代工市场所公布的排名，2008 年，台积电（TSMC）市场占有率45.2%居首，台联电（UMC）居第二；在产业部门中，晶圆代工制造、封装与测试排名全球第一，IC 设计产业排名全球第二（仅次于美国），联发科、威盛、茂矽、矽统、扬智等均为世界知名的 IC 设计企业。

二是我国台湾地区的光电产业在全球与日本、韩国呈三足鼎立之势。台湾在光电器件、光电显示器、光输出输入、光存储、光通讯、激光器及其他光电应用产品都具有较强竞争力。台湾光电产品占全球市场 17%的份额，其中平板显示器（TFT - LCD）占全球 TFT 面板和模组封装 42%市场份额，位居世界第一；蓝光 LED 芯片占全球 40%市场份额，其他 LED 产品占全球市场份额超过 80%。

三是我国台湾地区拥有大量全球百强 IT 企业。2008 年，美国《商业周刊》全球百强 IT 企业评比中，台湾有 15 家企业入榜，数量仅次于美国而位居世界第二。在前 20 强 IT 企业中，台湾的广达、鸿海、仁宝、华硕、友达、联咏 6 家入榜，其中广达、鸿海分别是第 3 名和第 4 名。

二、台湾电子信息产业大陆集聚趋势

（一）台商投资大陆的历程

改革开放以来，两岸经贸合作大体经历了四个阶段：两岸经贸合作的复苏（1979—1987）；两岸经贸合作的复兴（1987—1992）；两岸经贸合作的兴盛（1992—2000）；两岸经贸合作的制度化（2010 年至今），特别是自 1991 年以来，台商赴祖国大陆投资蓬勃发展。2002 年，受两岸政治气氛影响，台商投资大陆明显下降。而在 2008 年金融危机后国际国内经济形势好转以及 ECFA 签署等利好消息推动下，给予了台商投资大陆的极大信心，台商赴大陆投资又迅速回升。2010 年，台湾核准赴大陆投资平均每件金额上升至 1 599 万美元，同比上升 32.11%。

据台湾“经济部投资审议委员会”统计，1991—2010 年累计核准台商赴祖国大陆投资项目 38 685 个，合计金额 973.2 亿美元。而据商务部统计，截至 2010 年 12 月底，大陆累计批准台资项目 83 133 个，实际利用台资 520.2 亿美元。按实际利用外资统计，台资在大陆累计吸收境外投资中占 5%。（见图 6 - 2）

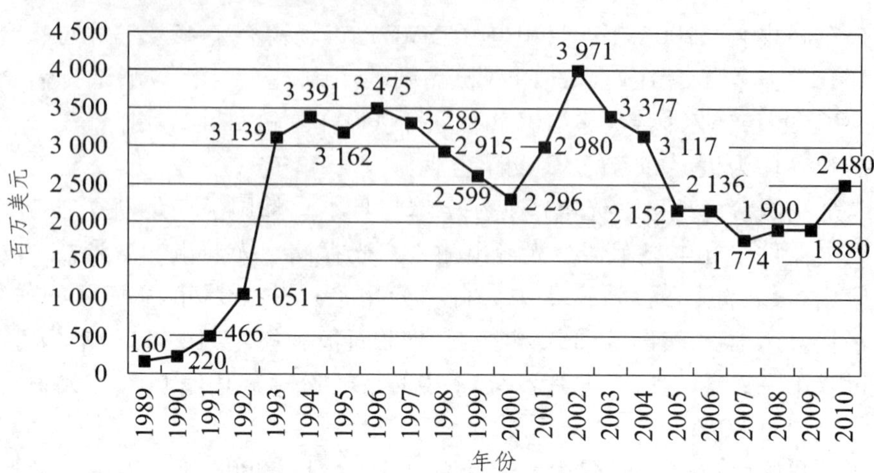

资料来源：国家商务部网站。

图6－2　1989—2010年台商在大陆投资增长变动趋势

从台商投资的产业类别来看，20世纪90年代以前，台商投资大陆的行业主要集中在传统产业和劳动密集型产业，主要以第二产业的轻纺制造业，包括制鞋、玩具、纺织、成衣、塑胶、皮件、食品、家具、体育用品等。同时，也涉及电工器材、电子、化工、金属等重工制造业。20世纪90年代后，台商投资开始由劳动密集型产业向资本密集型和技术密集型产业延展。电子及电器制造业成为第一大投资行业，同时台商开始向石化产业、电子资讯产业、汽车制造业等领域迈进。进入21世纪，特别是两岸先后加入WTO后，台商投资进入新的发展阶段。从1991—2010年，台湾赴大陆投资三次产业核准金额的结构比为0.28%∶86.76%∶12.96%。第二产业中制造业占核准金额比重达85.83%，主要集中在电子零组件制造业，计算机、电子产品及光学制品制造业，电力设备制造业，金属制品制造业等。其中，电子零组件制造业，计算机、电子产品及光学制品制造业两大产业占台商投资大陆核准金额的33.8%。（见表6－2）

表6－2　台商投资大陆行业分布情况（单位：百万美元、%）

序号	行业类别	2012年			1991—2012年		
		件数	金额	占比	件数	金额	占比
1	电子零组件制造业	58	1 948.1	15.2	2 709	24 483.6	19.7
2	计算机、电子产品及光学制品制造业	36	1 522.4	11.9	2 776	17 197.3	13.8

续表 6-2

序号	行业类别	2012 年			1991—2012 年		
		件数	金额	占比	件数	金额	占比
3	电力设备制造业	38	437.6	3.4	3 088	9 319.6	7.5
4	批发及零售业	159	1 271.8	9.9	2 605	6 950.4	5.6
5	金属制品制造业	17	203.6	1.6	2 605	5 863.5	4.7
6	化学材料制造业	14	1 171.1	9.2	828	5 634.3	4.5
7	塑料制品制造业	17	184.1	1.4	2 366	5 185.0	4.2
8	机械设备制造业	36	446.3	3.5	2 024	5 069.3	4.1
9	非金属矿物制品制造业	6	357.4	2.8	1 588	5 064.6	4.1
10	金融及保险业	23	1 708.7	13.4	255	4 250.5	3.4
11	工商服务业	39	501.8	3.9	1 616	3 876.2	3.1
12	基本金属制造业	22	243.3	1.9	679	3 072.0	2.5
13	食品制造业	12	145.3	1.1	2 345	2 832.6	2.3
14	纺织业	7	74.5	0.6	1 115	2 215.9	1.8
15	其他产业	152	2 576.2	20.1	13 609	23 474.8	18.9
合计		636	12 792.1	100	40 208	124 489.6	100

资料来源：台湾“经济部投资审议委员会”。

从台商投资的区域分布来看，20 世纪 90 年代以前，台商在大陆投资主要集中在闽、粤两省，这和两省对台的地缘和人缘优势及闽、粤两省正处于大陆改革开放前沿等因素是分不开的。随着大陆改革开放的深入，台商对大陆的投资逐步从东南沿海转向长江三角洲地区（苏、沪、浙）。近年来，受劳动力成本上升等因素影响，加之东部产业结构调整步伐加快，促使台资继续北上和西进，北上从长江三角洲向环渤海地区扩展，同时辐射东北，西进从上江三角洲沿长江流域向西推进。如位于西部的重庆市，截至 2011 年累计批准台资企业 1 104 家（其中通过境外第三地转投 65 家），累计合同台资 145.15 亿美元，累计实际利用台资 32.42 亿美元，投资额 1 000 万美元以上的企业达到 135 家，2011 年实际利用台资额超过全市从 1988 年至 2007 年实际利用台商的总和，重庆利用台资水平由 6 年前的 20 名以外进入的内地省市区前 10 名。但从历史发展总体看来，台商投资的主要地区依然为长三角和珠三角地区的这个格局没有改变，这两个地区历年台商投资额累计占台商

投资大陆比重的75.1%。(见表6-3)

表6-3 台商投资大陆各省市情况(单位:百万美元、%)

序号	地区	2012年			1991—2012年		
		件数	金额	占比	件数	金额	占比
1	江苏省	141	3 456.00	27	6 509	41 264.20	33.1
2	广东省	126	1 414.30	11.1	12 629	25 661.30	20.6
3	上海市	132	2 147.70	16.8	5 605	18 468.50	14.8
4	福建省	57	1 105.90	8.6	5 517	8 773.10	7
5	浙江省	24	1 004.00	7.8	2 100	8 162.50	6.6
6	山东省	18	419.2	3.3	1 012	2 826.90	2.3
7	四川省	17	769.4	6	469	2 689.70	2.2
8	天津市	7	354.1	2.8	926	2 415.20	1.9
9	北京市	23	132.1	1	1 232	1 968.70	1.6
10	重庆市	13	155.2	1.2	264	1 884.70	1.5
11	辽宁省	6	358.4	2.8	559	1 670.80	1.3
12	湖北省	12	143.1	1.1	564	1 420.40	1.1
13	其他	60	1 332.70	10.4	2 822	7 283.70	5.9
合计		636	12 792.10	100	40 208	124 489.60	100

资料来源:台湾"经济部投资审议委员会"。

(三)台湾笔记本电脑产业整体性平移拓展战略

台湾笔记本电脑(NBPC)生产是电子信息产业中的一个重要领域。20世纪90年代以来,经济全球化已成为世界经济发展的重大特征与趋势,企业所面临的竞争日益加剧。戴尔(DELL)、惠普(HP)和东芝(Toshiba)等国际品牌的笔记本电脑知名企业在市场竞争的需要下,纷纷将生产和研发甚至物流外包给台湾代工厂商。台湾厂商笔记本电脑产量占全球笔记本电脑产量的80%以上,占全球电脑代工总量的95%以上。台湾10大笔记本电脑厂商英业达、华宇、广达、仁宝、纬创、大众、神基、致胜、华硕、志合都做 OEM，其客户包括戴尔、东芝和惠普等全球 10 大国际品牌厂商，其中美国的笔记本电脑 75% 由中国台湾企业代工，而中国大陆的主要生产商，如联想、方正等笔记本电脑全部由台湾企业代工。

台湾企业通过为国际品牌大厂代工，嵌入笔记本电脑全球生产网络。同时，台湾企业为了降低生产成本和接近市场，适应全球化生产的需要，在大陆长三角地区建立了自己的小型全球生产网络，成为网络中的核心企业，从事笔记本电脑的研发、生产与组装，甚至全球物流中心。而台湾当地的生产商则转向关键元器件和软件的生产、开发以及信息服务，并对自己的生产网络进行治理。

1990—2004 年，华硕、仁宝和台达等台湾 12 家笔记本电脑企业将制造基地转移到长三角地区，在苏州和昆山形成了笔记本电脑企业综合配套协作体系，使两地成为台系笔记本电脑生产基地。（见表 6－4）

表 6－4　台湾笔记本电脑企业在长三角投资情况

公司名称	投资地点	股权比例	公司名称	投资地点	股权比例
仁宝	昆山	100%	志合	苏州	100%
纬创	昆山	100%	华硕	苏州	100%
神达	昆山	100%	英业达	上海	100%
精英	昆山	100%	广达	上海	100%
伦飞	昆山	100%	大众	吴江	100%
蓝天	昆山	100%	华宇	吴江	100%

资料来源：根据网络资料进行整理。

从大陆的长三角地区台资笔记本电脑企业投资布局来看，笔记本电脑的生产是由台资 OEM 和 ODM 企业主导的。由于笔记本电脑的最大部分成本是零组件，为了缩短供应链的订货及交货时间，台湾企业二级供应商开始在大陆布局。二级供应商为了有效地满足一级供应商的生产需要，大部分都选择落户于长三角地区，有明显的协同定位效应，而中国大陆的企业仅提供最低端的产品。根据统计，台资笔记本电脑企业和大陆本土企业之间还未建立网络关系，大陆本土企业尚未嵌入全球生产网络。

据分析，台湾企业采取封闭式生产网络，主要基于以下几点原因：

一是质量安全保证的需要。对于台资代工厂商而言，保证产品质量是赢得品牌厂商合同并与其保持合作关系的最重要的因素。目前，大陆企业技术水平和管理经验有限，质量不稳定，代工厂商不会因为大陆企业产品价格低就改换供应商，而是宁愿与现有的供应商共同合作，一起改善成本和质量。

二是适应弹性生产的需要。笔记本电脑主要采取少定量多种类或大定量多种类的定制方式。“买方零库存”和“卖方实时供应”是笔记本电脑生产的重要特点。当代工厂商转移到大陆后，配套企业为了及时供货，避免繁杂进口手续拖延时间，配套企业纷纷跟随代工厂商一起转移，一体化植入当地网络。而大陆生产企业目前还不普遍具备“实时供应”的弹性生产能力。

三是商业惯例上的差异。台湾代工厂商与配套企业长期紧密合作，形成了业界共同的商业道德和商业惯例，彼此相互信任，经常采用非正式协议，不用谈合同或条款，用口头承诺代替法律文件，降低了交易成本。如果改换供应商，企业之间需要更多的正式协议来保障交易的顺利进行，必然增加治理成本。这也体现了两岸企业在商业惯例和道德方面的差异，限制了双方产生合作的可能。

（四）台湾笔电产业向重庆转移概况

2008 年 12 月 11 日，惠普 400 万台笔记本电脑内销生产基地项目在重庆开工；2009 年 8 月 4 日，惠普 3 600 万台笔记本电脑外销项目以及富士康生产基地落户重庆；2009 年 12 月 26 日，英业达中国第二生产基地落户重庆；2010 年 1 月 18 日，广达中国第三制造基地落户重庆；2010 年 12 月 1 日，宏碁全球笔记本电脑生产基地及中国第二营运总部落户重庆；2011 年 1 月 29 日，和硕第三产业基地落户重庆；2011 年 4 月 12 日，华硕正式入渝。从品牌企业看，全球第一品牌惠普、第二品牌宏碁、第五品牌华硕已经落户我市，三大品牌占全球笔电份额的 46%。从代工企业看，全球前六大代工企业广达、仁宝、纬创、英业达、富士康、和硕全部落户重庆，它们所生产笔记本电脑产量约占全球份额 90%以上。从零部件企业看，全球最大零部件企业富士康、印刷电路板第一位的翰宇伯德、键盘第一位的群光、电池封装第一位的新普等 200 家零部件企业已经签约重庆。一个“品牌企业 + 代工企业 + 零部件企业”的“3 + 6 + 200”笔记本电脑产业体系构架已经基本形成。

重庆通过垂直产业整合，推进了电子信息产业在内地的深度根植。一方面，重庆将品牌厂商如惠普、华硕等，和代工厂商如富士康、广达、仁宝等，同时引入重庆，改变了世界笔记本电脑产业分立布局的传统模式。重庆在将笔记本电脑的世界顶级品牌生产商引入重庆的同时，将其结算中心也引入重庆，此前沿海虽有大量加工贸易企业，但跨国公司结算中心多布局在新加坡等国，沿海地区只能赚点加工费，而加工贸易的税收流向国外。与此同时，重庆同步跟进笔记本电脑二、三级配套厂商的培育，改变加工贸易两头在外的方式，变为一头在外，一头在重庆配套，使整个生产成本降低40%。

重庆打造亿台笔记本电脑生产基地，对重庆而言，具有以下重要意义：

一是有效优化产业结构。根据重庆市产业发展规划，笔记本电脑“整机+配套”的产值将超过7 000亿。基地建成后，全球每3台笔记本电脑，就有1台是“重庆造”。按照每台电脑4 000元和80%零部件本地配套测算，1亿台笔记本电脑产业链规模将达到7 200亿元，占当时工业总产出的近30%，将推动信息产业成为重庆第一支柱产业，实现重庆工业结构的战略转型与升级，为重庆成为长江上游经济中心和西部地区工业增长极做出重大贡献。

二是有效改善重庆市进出口结构。重庆全球笔记本电脑基地的产品90%以上为出口产品，笔记本电脑进出口总额将超过1 000亿美元，相当于2010年重庆进出口总额的8倍。2012年，重庆市全年进出口总额超过500亿美元，达到532.04亿美元，同比增长82.2%，高出全国平均水平76.0%。其中，出口总额385.71亿美元，增长94.5%；进口总额146.33亿美元，增长56.1%，增速分别高出全国平均水平86.6%和51.8%。加工贸易成倍增长、笔电出口强力带动是全市对外贸易高速发展的有力支撑。2012年，全市加工贸易出口持续快增，实现出口额153.64亿美元，增长1.5倍，占比近40%。笔记本电脑出口3 544万台，增长1.3倍，出口价值125.41亿美元，占出口总额近1/3，增长1.4倍。

三是强化重庆国际物流大通道的地位。重庆笔记本电脑生产基地的销售市场面向欧美等地区，届时，每天10架货机串行全球，为打通国际贸易大通道奠定了关键基础。到2015年，按总运输量的40%进行空运计算，将达到20万吨的航空运输量，每天需要10架B747－400全货机运往欧美、亚太地区等全球各大电子产品分拨点。此前，重庆市还没有一架B747－400全货机直飞欧美。同时，每年还将有30万吨的铁路运输量，每天将有2趟“五定”集装箱班列，通过“渝新欧”欧亚大陆桥开往欧洲，所花时间为13天，比沿海地区海运至欧洲的时间少20天左右，重庆一跃成为对外开放的前沿。

三、承接台湾信息产业的途径与方略

（一）大力支持重庆建设信息产业发展平台

结合重庆信息产业发展要求，增加布局或升格重庆市级工业园区，如渝北台商工业园区为国家级对台合作信息产业园，重点支持笔记本电脑、光电、软件、物联网、网络通信、数字医疗等信息产业基地建设，为世界和东部电子信息产业转移提供平台。

支持重庆信息产业公共技术服务平台建设，增强自主创新能力。一是加快建设专业公共服务平台。鼓励和引导重庆发展技术转移中心、技术创新服务中心、科技企业孵化基地、国家大学科技园、生产力促进中心等各类创新服务机构，支持重庆加快发展国家级电磁环境检测中心，集成电路公共设计平台，半导体照明知识产权、标准、检测平台，软件和信息服务平台建设。二是建设产业技术开发平台。改造提升重庆基础较好的国家级和省部级实验室、工程研究中心，以重庆科学技术研究院为基础设立中国科学院西部分院。建立国家级信息化重点实验室、研发基地，为提高基地科技创新能力创造良好环境和科研条件。三是建设企业技术创新平台。大力扶持重庆企业技术中心、工程（技术）研究中心、重点实验室建设，支持和鼓励西部院校、科研院所和企业参与信息产业的国际标准、国家标准、行业标准和地方标准的制定。

推进国家重大科技专项向西部倾斜，建议在“核高基”“新一代宽带无线通信网”“集成电路”等国家重大科技专项中设立西部专项，并在西部专项中减少地方财政资金配套比例，减轻重庆财政压力。

进一步加强信息技术交流平台建设，积极加强重庆与台湾地区资讯软体协会、台湾地区电机电子工业同业协公会、台湾无线电协进会等机构建立合作与信息交流关系，密切两地信息产业的行业交流。

（二）大力支持重庆加快信息基础设施建设

针对西部地区信息化发展滞后的实际，把推进重庆信息基础设施建设作为西部开发新十年的扶持重点，把信息基础传输网络、信息港、无线通讯塔站等信息基础装备建设列为新十年西部大开发的重点工程，对重庆给予重点扶持。

加强部市合作，推进“重庆国家统筹城乡信息化试验区”建设，建立信息化人才实训平台和信息化投融资平台，重点建设呼叫中心、数据加工与维护中心、远程教育中心等工程。支持重庆打造国内通信枢纽和第四大国际通信出入口，在成都、重庆、绵阳等城市率先开展通信、有线电视、计算机“三网融合”的试点。支持西部地区重点城市率先开展第三代移动通信网络、下一代互联网、数字广播电视网络、宽带光纤接入网络和数字化影院建设，并拉动相关产业发展。

（三）大力助推重庆改善信息产业物流环境

支持重庆大力构建现代物流服务体系，降低物流成本。依托重庆团结村铁路集装箱中心站、西永综合保税区和两路寸滩保税港区，引进培育一批现代化、规模化、专业化的大型物流企业集团，建成西部电子信息产品集散中心。强化口岸管理机构和管理制度建设，加强对重庆西永综合保税区和两路寸滩保税港区的海关服务能力建设。

发挥重庆承东启西和西部唯一内陆港口的特殊区位，加快重庆江北机场第三条、第四条跑道建设，开辟国际货运航线，增加航班班次，打造国际门户枢纽机场；加快“重庆—兰州—阿拉山口—欧洲”的新“欧亚大陆桥”建设，推进“重庆—昆明—缅甸石兑港”南亚铁路通道建设，降低西部地区铁路运输费用，减少物流成本；加快西部城际高速公路建设，优化和完善西部路网结构，畅通西部出口通道。完善口岸相关部门的协作联合办公机制，提高通关效率。

根据重庆通关贸易增长迅速的实际，合理调整重庆海关的机构设置，增加编制和人员，满足西部内陆开发特别是信息产业出口的需要。

（四）制定支持信息产业发展的优惠政策

建议国家将信息产业发展基金切块30%，用于支持包括重庆在内的西部信息产业技术与产品研发和产业化。支持组建西部信息产业投资公司，主要对重点信息产业、关键信息产品，如集成电路、应用软件、信息安全产品开发展开投融资，设立由中央财政和地方财政共同出资，规模超过1 000亿元的西部信息产业发展基金，用于增强重庆等西部省市电子信息产业发展的投融资能力。

支持重庆建设长江上游金融中心，引导国际化总部金融机构、区域性金融机构入驻重庆。率先在重庆进行离岸金融市场建设试点，探索离岸金融结算，为跨国IT公司提供结算服务。支持重庆以两江新区为平台，与国际化金融机构展开深层次的业务合作，支持国家级银行、证券、保险等金融总部在西部功能管理分支机构、办事处设在两江新区。推进西部与台湾金融业深层次合作，支持台湾金融企业和大企业财团参股西部金融业，设立合资银行、保险公司、证券公司、信托公司、担保公司，提升台湾金融业为台资在西部信息产业深度服务的力度。

加大公共财政政策对重庆电子信息产业的支持。建议政府采购信息产品时，对重庆市的电子信息产品包括外资企业在西部研发、生产的信息产品，实行特殊倾斜。

按照《关于进一步做好利用外资工作的若干意见》中关于鼓励外资向西部转移条款和台资西进的趋势，结合重庆重点高新技术园区信息产业平台建设，中央部委应有意识地将台资中的重大信息产业投资大陆项目向重庆市的国家级开发平台引导落地。重点引进光电、半导体、电脑、网络通信等产业向园区集中，助推西部地区产业结构优化升级。

为打消台湾在高新技术出口后对产业空虚化的担忧，促进两岸的共同发展，可建立台资增量资本回流机制，建议有关部门松绑部分政策，允许台湾限制性高科技企业落户重庆后产生的增量资本，在一定限额内自由流动。

（五）加强渝台两地研发高端交流合作

积极鼓励、支持台商投资高新技术园区，主动承接台湾高新技术产业的技术转移，在主要高新技术园区设立独立的研发总部机构或者办事处。吸引台湾科研机构和科技人员共同创建创新平台，建立长期稳定的渝台科技交流合作渠道，在资源环境、光电软件、生物医药、汽车电子、新能源、新材料等领域开展高技术和产业关键共性技术联合攻关，实现技术创新与产业全面对接。

可推进台资企业研发中心与重庆科技资源丰富、政策平台条件较好的上述地区的科研院所、高校、科技型企业结成紧密的技术战略联盟。如重点可与高端PDA手机（台湾威盛集团多普达公司）、IC设计（裕隆集团群茂科技公司）、LED研发制造（元茂光电科技公司）、DVD激光头（台湾鸿景光学头公司）等台湾高科技企业展开光电子与信息领域的紧密合作，建立公共技术信息平台和研发平台，引入台湾半导体产业巨头台积电、台达电子、英业达、智邦科技等台湾高科技企业在西部重点城市设立技术研发中心。鼓励西部企业与台湾高校、科研院所等各类产业协会建立多层次的技术战略联盟。

（六）加快产业专门技术人才开发

建议国家实施的“千人计划”向以重庆为代表的西部地区倾斜，吸引海内外高端信息技术人才向重庆聚集。支持西部的“985”高校和一批特色大专院校，如重庆大学、电子科技大学、重庆邮电大学、西南交通大学等，进一步加强信息产业学科建设，加大财政支持力度，为重庆发展信息产业培养技术人才。建立重庆信息产业实用人才培训基金，支持中高职院校与企业联合办学，支持重庆建设西部信息人才培训基地，支持重庆开展“软件蓝领万人培训计划”“IT5000公益培训计划”“全球IT CBO海选行动”。广泛引纳、培训多支信息产业人才队伍。支持和鼓励重庆院校、科研院所广泛开展产学研合作，推动科技成果转化。引导、鼓励中央级企业，如华为、中兴、大唐等企业设立服务于重庆信息产业人才培训的企业实训基地，为重庆培养、输送高质量的信息技术人才。

台湾的大专院校是台湾科技创新的重要力量。近两年来，两岸科技教育界的交流频繁。可以通过开展重庆与台湾大专院校对口学术交流、互派访问学者、接受委托培养、面向台湾地区产业化高级人才教育培训、共同出资在重庆联合兴办新型专业化高等院校等各种方式，扩大西部地区和台湾在科技教育界的合作层面，深化合作层次。不定期在西部重点城市举办科技交流会、学术论坛，推进西部地区与台湾学术界科技创新活动的广泛开展，为重庆在相关产业领域培养大量创新型实用科技人才。

结合重庆1亿台笔记本电脑生产基地人才培养需求，以及台湾高职院校在电子信息等专业人才上的缺口现状，吸收借鉴台湾高职教育的教育和管理经验，在亟需专业领域开展两岸人才培养交流合作。在重庆创办一个台湾企业投资的电子信息产业高职院校。利用台湾丰富的金融业和其他服务业领域的管理经验，开展银行、保险和证券等方面的培训，协助西部城市的金融机构提高经营管理技术，培养保险、证券等金融人才，为台资产业全方位融入重庆创造重要的人才保障。

第三篇

空间发展篇

第七章

核心城区的优化发展

一、重庆城市规划的历史回顾

（一）现代重庆城市规划

重庆陪都建设计划委员会在1946年4月，完成了现代重庆的第一个城市规划《陪都十年建设计划草案》，提出了疏散市区人口，降低人口密度，发展卫星城镇的设想，在渝中半岛以外规划了弹子石、沙坪坝、铜元局等12个卫星市，香国寺、杨家坪、新桥等18个卫星镇和五里店、歇台子、九龙坡等12个预备卫星市镇。

重庆于1960年编制完成了新中国成立后的第一个城市总体规划《重庆城市初步规划》。城市用地继续“大分散、小集中、梅花点状”的布局原则，强调将工业在更大范围内分散，规划了市中区、大杨区、大渡口区、沙磁区、中梁山区、江北工业区、弹子石工业区、南坪工业区、李家沱—道角工业区9个片区，在外围规划了北碚、歇马、西彭和南桐4个卫星城。

1983年国务院批准重庆市第一次城市总体规划，本次总规于1980年开始编制，1982年报四川省人民政府审批，1983年获国务院批准。这次总规编制工作，是在“文化大革命”的历史背景下开始筹备，在拨乱反正的初期开始编制的，“严格控制城市规模”是这一时期我国城市建设的基本方针，对当时城市规模的确定起着决定性的作用。

（二）1998年重庆城市规划

1998年12月13日，国务院以国函〔1998〕108号文批复重庆市人民政府修订后的《重庆市城市总体规划（1996年至2020年）》，1998年版城市规划勾勒了重庆都市区及重庆主城未来20年空间发展框架，提出了主城片区、组团和外围组团的都市区架构，对重庆城市空间结构发展演进奠定了重要的规划基础。

1998年版规划将重庆市域空间划分为三个层次：

主城。东起铜锣山，西至中梁山，北起井口、人和、唐家沱，南至小南海、钓鱼咀、道角，面积约600平方公里，是城市化水平较高、城市人口相对集中的地区。

都市圈。东起迎龙、南彭，西至缙云山、白市驿，北起北培、两路、鱼嘴，南至西彭、一品，面积约2 500平方公里。

市域/重庆直辖市行政辖区范围，面积8.23万平方公里。

市域城镇等级结构分为市域中心城市、地区中心城市、县域中心城、中心镇和一般建制镇五级结构。市域中心城市，即重庆都市圈，由重庆主城和十一个外围组团构成，面积2 500平方公里。重庆城市规划区范围即都市圈范围，包括主城和外围组团，是重庆城市的本体，是全市城镇体系的核心部分，是国家级历史文化名城和重要的工业基地，是重庆直辖市党政机关所在地和全市的交通、通信、文化、科教、金融、商贸中心。（见图7-1）

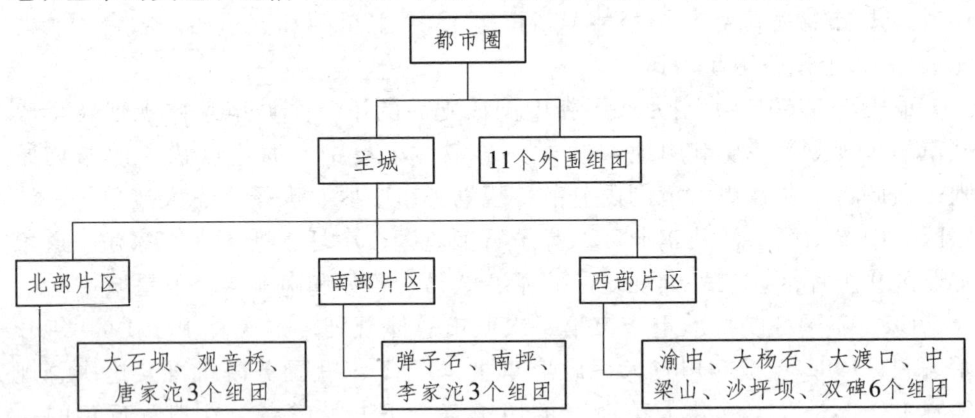

图7-1 1998年版规划重庆都市圈层次结构图

都市圈范围内的城市用地按其地理位置和结构形态的不同分为主城和外围组团。主城的用地结构分为三片区、十二组团。十二组团共同组成城市空间布局的有机整体。主城是整个城市的主体，以渝中组团为市中心，分别在北部片区的观音桥（含新牌坊），南部片区的南坪，西部片区的沙坪坝和大杨石设立四个城市副中心，集中布置市一级的商贸、娱乐、办公、科技、文

化、教育设施。每个组团应完善组团和社区中心的建设，进一步完善城市多级中心的结构体系。（见表7－1）

表7－1　1998年版重庆城市规划主城十二组团范围及功能

序号	组团名称	范围	规划面积	规划人口	功能
1	渝中组团	东起朝天门，西至鹅岭、浮图关一带的半岛地区	12平方公里	55万	全市的政治、金融、商贸中心和水陆客运交通枢纽
2	观音桥组团	嘉陵江以北，人和以南，鸿恩寺、红岩水库以东，包括观音桥、龙溪镇、龙头寺、江北城	54平方公里	60万	主要发展金融、贸易、信息产业，规划新牌坊地区为全市远期中央商务区（CBD），龙头寺地区为对外交通枢纽
3	大石坝组团	大石坝、冉家坝组成	22平方公里	25万	主要发展金融、贸易、文化等第三产业，规划为全市高新技术孵化区和行政办公区
4	南坪组团	以重庆经济技术开发区为主体	约25平方公里	25万	主要发展科技、金融、文化、商贸和旅游等第三产业以及对大气与水体无污染的技术密集型工业
5	弹子石组团	由鸡冠石和弹子石组成	14平方公里	15万	主要发展对大气无污染的加工工业
6	李家沱组团	南岸九公里以南，道角以北	36平方公里	20万	城市的南大门，主要发展机械和轻纺工业
7	双碑组团	嘉陵江西岸，磁器口以北，童家溪以南	12平方公里	10万	是重庆市重要的机械、冶金工业区，应严格治理环境污染
8	沙坪坝组团	嘉陵江西南岸，由平顶山—上桥—歌乐山围合的地区	29平方公里	30万	是重庆市的科技、文化中心

续表 7-1

序号	组团名称	范围	规划面积	规划人口	功能
9	大杨石组团	包括大坪、杨家坪、石桥铺地区，东起鹅岭、浮图关，西至平顶山、华岩，南至双山，经毛线沟东止于长江李家沱大桥北桥头的广大腹地	38 平方公里	40 万	重庆市的体育中心、高新技术产业开发区和机械工业集中地区
10	大渡口组团	新山村和茄子溪，东临长江，西以庹家坳为界	25 平方公里	20 万	是重庆市以冶金、建材工业为主的重要工业区和西南建材批发市场所在地
11	中梁山组团	中梁山编组站以东、庹家坳以西，北至双山，南抵金鳌寺	16 平方公里	15 万	是重庆市重要的工业区和仓储区
12	唐家沱组团	长江以北，寸滩港以东，铁山坪以西	17 平方公里	15 万	是重庆市主要港区，重点发展对大气无污染的以修造船为主的加工工业

2002 年，重庆市人民政府在《重庆市人民政府关于重庆特大城市、都市发达经济圈、城市规划区、主城等名称及相关范围界定的通知》（渝府发〔2002〕44 号）文件中指出：

根据《城市规划法》的有关规定，确定重庆特大城市的范围为渝中区、大渡口区、江北区、南岸区、沙坪坝区、九龙坡区、北碚区、渝北区、巴南区的全部行政区域。重庆特大城市即为都市发达经济圈，简称“都市圈”。该区域用地面积为 5 472.82 平方公里，2001 年年末总人口 543.42 万人，人口密度为每平方公里 993 人。

根据国务院批准的《重庆市城市总体规划（1996—2020 年）》（以下简称《总体规划》）、《重庆市城市规划管理条例》，并结合行政区划，确定重庆特大城市的城市规划区的范围为渝中区、大渡口区、江北区、南岸区、沙坪坝区、九龙坡区的全部行政区域；渝北区的人和街道、龙溪街道、大竹林镇、鸳鸯镇、礼嘉镇、回兴街道、双凤桥街道、双龙湖街道、沙坪镇、石坪镇、悦来镇；巴南区的李家沱街道、花溪镇、南泉镇、鱼洞街道、一品镇、界石镇、惠民镇、南彭镇；北碚区的天生街道、朝阳街道、龙凤桥镇、北温泉镇、歇马镇、施家梁镇、蔡家岗镇、童家溪镇、东阳镇。该区域简称“主城”。该区域用地面积为 2 616. 64 平方公里，2001 年年末总人口 427. 1 万人，人口密度为每平方公里 1 632 人。这一文件实际上将重庆的主城主要界定于中梁山与铜锣山之间的城市地区。

（三）2007 年重庆城市规划

2007 年《重庆市城乡总体规划》延续了 1998 年对重庆城市结构的分析和定位，并根据城市发展进程作了进一步的深化和延展。

2007 年城市总规划将都市区空间层次分为主城区和郊区两个部分。主城区为集中进行城市建设的区域，范围为 2 737 平方公里，其中，中心城区位于中梁山、铜锣山之间，是主城建设的主要区域和旧城所在地，范围为 1 062平方公里。郊区范围为 2 736 平方公里。城市拓展的主要方向为内环线以北、中梁山以西以及铜锣山以东。城市空间结构为“一城五片、多中心组团式”。主城由中部、北部、南部、西部、东部五大片区组成。多中心包含一个城市中心和六个城市副中心。主城城市建设用地分为十六个组团和八个功能区。（见图 7 - 2）

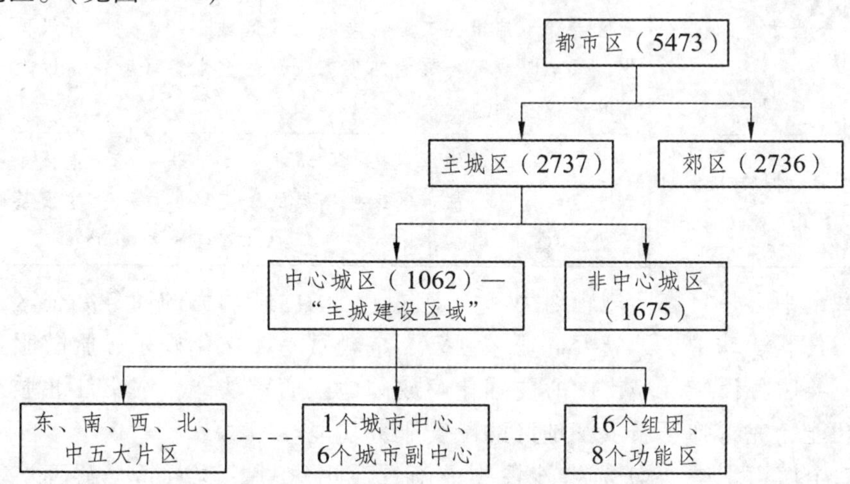

图 7 - 2　2007 年规划重庆都市区层次结构图（括号内为所占面积，单位：平方公里）

中心城区五大片区和十六个功能区的范围及功能定位如表 7 - 2 所示。

表7-2　五大片区范围与功能定位

片区	范围	功能定位
中部片区	中梁山以东、铜锣山以西，长江和嘉陵江环抱的区域	完善各项基础设施和公共设施，改善城市人居环境，逐步疏解人口和功能，调整产业结构，优化用地布局，大力发展以金融、商贸、现代物流以及都市区旅游为主的第三产业；以重钢搬迁为契机，提升大渡口的城市功能，分担杨家坪城市副中心的部分职能
北部片区	嘉陵江以北，中梁山和铜锣山之间的区域	以北部新区、江北城现代商务区为重点，以寸滩集装箱港口、龙头寺铁路客运中心、航空枢纽等为标志，主要承接旧城区疏解的人口，部分公共服务和交通功能，聚集以高新技术、汽车等为主导的产业，建设良好的城市人居环境，塑造新重庆的城市风貌；提升蔡家、两路组团中心对北部片区的服务功能，分担观音桥—新牌坊城市副中心部分外溢的城市职能
南部片区	铜锣山以西，长江以南和以东的区域	以会展、商贸、都市旅游、科研教育为主导的发展区域。承接旧城区转移的部分工业，完善城市功能，提高基础设施和公共设施水平，保护好城市景观和生态环境，体现山、水、绿城市特色，提升人居环境质量
西部片区	缙云山与中梁山之间的区域	是城市未来的重点拓展区域之一，是联系重庆市域西部城镇的重要地区；片区北部和中部以科研教育、服务业、休闲旅游等为主导，建设西永城市副中心，吸引和集聚人口与产业；片区南部为都市区工业拓展的重点区域之一，改造升级传统产业，承接旧城区转移的部分工业，注重生态环境保护以及水资源的保护和利用
东部片区	铜锣山与明月山之间的区域	是城市未来的重点拓展区域之一，是联系重庆市域东部城镇的重要地区，都市区工业拓展的重点区域之一；建设茶园城市副中心，吸引和集聚人口与产业，重点提升城市功能

城市中心是具有区域辐射力和一定国际、国内影响力的商务办公区、商业区、公共活动中心，集聚商业、办公、金融贸易、文化娱乐、旅游服务等市级公共服务设施。城市中心要强化解放碑地区商贸功能，突出江北城地区商务功能，完善弹子石滨江地区的配套服务功能。

六个城市副中心分别为沙坪坝、南坪、杨家坪、观音桥—新牌坊、西永、茶园城市副中心，承担部分市级公共服务功能。现存四个城市副中心加强区域性的商务办公功能，完善商贸服务和文化娱乐功能；积极培育西永、茶园两个新的城市副中心。

十六个组团功能相对完善，组团内工作、生活用地基本平衡，紧凑发展。包括渝中组团、大杨石组团、沙坪坝组团、大渡口组团、观音桥—人和组团、两路组团、蔡家组团、大竹林—礼嘉组团、唐家沱组团、南坪组团、李家沱—鱼洞组团、西永组团、北碚组团、西彭组团、茶园—鹿角组团、鱼嘴组团。十六个组团的范围和功能定位如表7－3所示。

表7－3　十六个组团范围及功能布局

序号	组团名称	范　围	功能布局
1	渝中组团	两江交汇的半岛地区	为市级行政办公所在地，市级商业中心；解放碑地区是城市中心的重要组成部分，主要承担中央商务区的商贸功能和部分商务功能；朝天门是水上客运交通枢纽
2	大杨石组团	由杨家坪、大坪、石桥铺等地区组成	杨家坪是城市副中心；袁家岗是市级体育中心；石桥铺地区是国家级高新技术开发区所在地；重点发展高新技术产业
3	沙坪坝组团	由沙坪坝、上桥、双碑、井口等地区组成	沙坪坝是城市副中心；市级科教文化中心
4	大渡口组团	由新山村、九宫庙、建胜、中梁山、跳蹬等地区组成	重钢搬迁后原址分担杨家坪城市副中心部分职能，重点发展文化娱乐、工业旅游、商务、商贸功能；中梁山、跳蹬是现代制造业基地之一；田坝、建胜地区为物流基地；金鳌寺、白居寺、钓鱼嘴及滨江地带为城市南部的生态旅游休闲区
5	观音桥—人和组团	由江北城、观音桥、大石坝、冉家坝、龙头寺、人和、溉澜溪、寸滩等地区组成	江北城地区是城市中心的重要组成部分，主要承担中央商务区的商务功能；观音桥至新牌坊地区是城市副中心，市级行政办公集中地；人和地区为国家级高新技术开发区拓展区的组成部分；龙头寺地区为铁路客运枢纽；寸滩地区为水路货运枢纽、物流基地；丘堡地区为出口加工区
6	两路组团	由两路、翠云、芦山、王家、木耳等地区组成	空港所在地；空港物流基地，重点发展临空型经济、汽车制造业；王家地区预留体育用地；翠云地区是国家级经济技术开发区拓展区的组成部分

续表 7－3

序号	组团名称	范围	功能布局
7	蔡家组团	由蔡家、施家梁、童家溪等地区组成	以居住为主的拓展区，适度发展无污染产业，预留举办国家级和世界级体育赛事的用地
8	大竹林—礼嘉组团	大竹林、礼嘉、黄茅坪、悦来等地区组成	国家级经济技术开发区和高新技术开发区拓展区所在地，主要发展高新技术产业
9	唐家沱组团	由唐家沱、五里坪、石坪等地区组成	以机械制造加工为主的工业拓展区
10	南坪组团	由南坪、弹子石等地区组成	南坪是城市副中心；近期市级会展中心，市级科研教育基地，国家级经济技术开发区所在地；弹子石滨江地区是中央商务区的组成部分，以文化娱乐、旅游休闲等功能为主的配套服务区
11	李家沱—鱼洞组团	由李家沱、道角、鱼洞、珞璜等地区组成	现代制造业基地之一；珞璜地区为能源基地
12	西永组团	由西永、虎溪、曾家、金凤、白市驿、含谷、青木关、回龙坝等地区组成	西永是城市副中心；市级教育科研拓展区，铁路货运交通枢纽和集装箱物流基地，重点发展微电子等高新技术产业
13	北碚组团	由北碚城区、东阳、歇马等地区组成	市级教育科研基地，国家级风景名胜区的服务区和旅游文化区，重点发展仪器仪表产业
14	西彭组团	由西彭、陶家、巴福、石板、铜罐驿、双福等地区组成	现代制造业基地之一，铝加工基地
15	茶园—鹿角组团	由茶园、迎龙、广阳、鹿角、界石等地区组成	茶园是城市副中心；预留市级会展中心拓展用地；界石是物流基地
16	鱼嘴组团	由鱼嘴、复盛等地区组成	以石油天然气化工为主的工业区

2007 年规划延续了 1998 年规划对重庆都市区空间范围的界定，并进一步明晰了都市区的中心城区、郊区等地域空间，以及彼此之间的关系。因循重庆山地城市结构现状，2007 年规划提出了都市区中心城区组团式的城市建设用地发展模式。事实上，随着重庆直辖后，以主城为核心的都市区得到率先发展、超常规发展，支撑重庆主城的片区数量由 3 个增加为 5 个，相对形成的和具发展潜力的城市组团由 12 个增加为 16 个。在 2007 年城市总体规划中，特别提出了一主六副城市中心（副中心）作为重庆主城重点发展区域的空间架构，将城市功能在空间进行有机组合和解构，在 1998 年规划的基础上，2007 年规划对 7 个城市中心（副中心）的功能给予了比较明确的定位。可以看出，重庆主城由一般的城市加工制造业基地，逐步向科技教育、文化、商贸服务、居住等功能转型，从两次的规划变化看得出来，重庆主城逐步演进成为一个具有高度综合化、高级化的特大城市。而随着重庆二环高速公路的建成开通，以主城为中心城区的都市区向周边蔓延，主城发展进入又一个快车道。

二、主城空间演进与拓展

（一）重庆主城区空间演进变化

主城区是重庆都市区的核心，在主城区 5 473 平方公里范围内，可供集中城市建设的用地范围主要集中在缙云山和铜锣山之间 1 000 多平方公里的范围内。半个世纪时间里，重庆城区经历了一系列的变化，这种变化也与城市定位有着极大的关系。总体而言，重庆主城区空间变化可划分为以下几个阶段。

20 世纪 50—70 年代，重庆中心城区主要集中在长江和嘉陵江交汇的渝中半岛处，重庆是一个半岛城市。

改革开放之初，重庆城市主要以渝中半岛为根系，城市范围向西拓展显明显。规划城区范围：东至真武山麓，西至歌乐山脚，北至双碑、松树桥、寸滩一带，南通至人和场、苦竹坝一带，重庆是一个喇叭形城市。

直辖之初，重庆城市空间主要集中在内环高速公路之内，以解放碑中心、观音桥副中心、南坪副中心、杨家坪副中心、沙坪坝副中心为支撑的“多中心、组团式”城市空间结构初步形成，重庆是一个组团式城市。

21 世纪前 20 年，重庆城市中心主要集中在中心城区位于中梁山、铜锣山之间，是重庆主城建设的主要区域和旧城所在地，建成区面积在 700 平方公里左右，重庆是一个槽谷城市。

经历了半个多世纪的城市建设与扩张，重庆城市空间随着城市定位的变化提升也在不断演进。（见表 7－4、图 7－3）

表 7－4 重庆城市定位变化与城市形态变化

城市定位	所处时期	城市形态	建成区面积	城市人口
地区级	20 世纪 50—70 年代	半岛形城市	30 平方公里	30 多万
区域级	改革开放之初	喇叭形城市	约 75 平方公里	170 多万
区域级	直辖之初	组团城市	约 161 平方公里	200 万
国家级/国际级	21 世纪前 20 年	槽谷城市	约 700 平方公里	650 万
国家级/国际级	21 世纪中叶	巨型城市	1188 平方公里	1200 万

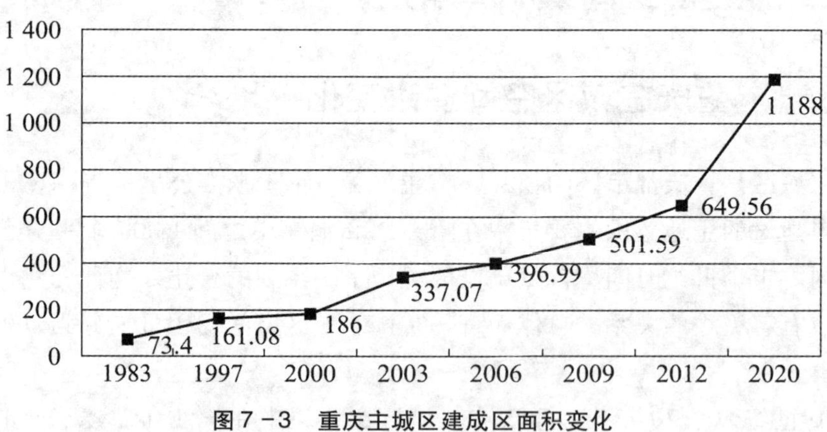

图 7－3 重庆主城区建成区面积变化

（二）城市新中心建设的必要性分析

重庆大都市区的核心城区从发育成长到成熟，需要考虑城市中心区域的发展与布局。自重庆直辖以来，重庆城市发展突飞猛进，城市面貌日新月异。根据2011年《重庆市城乡总体规划》修订版，重庆主城区建设总用地为1 188平方公里，人口达到1 240万。从城市人口和城市建成区面积来看，重庆的城市空间建设完成之时，将会形成与纽约、东京等世界城市体量相当的巨型城市。特别是重庆作为我国五大国家中心城市之一，并且是西部内陆唯一的国家级中心城市，重庆有可能也应当在承载国家级战略功能的基础上，向国际级城市迈进。

对照重庆城市发展的终极定位，重庆主城区建成区面积以及城市常住人口将在现有的基础上翻一番。城市规模的扩大、城市影响的持续提升，必将推动重庆密切与国际各大城市的交流，重庆将进入国际化城市的“丛林”。重庆主城区作为重庆大都市区的核心城区，城市布局及优化发展，显得极为重要。

重庆主城区是国家中心城市的核心载体，从建设1 200平方公里的城区来说，重庆不可能走单核圈层拓展的路子。但受多年城市规划惯性思维影响，重庆城市组团式、多中心布局，是在中梁山和铜梁山之间这一城市槽谷地带展开，传统的城市五大中心，即观音桥副中心、南坪副中心、杨家坪副中心、沙坪坝副中心都位于这一槽谷的城市内环快速路以内，从而造成大量的城市服务功能在内环快速路以内这一狭窄空间集聚重叠，而绕城高速公路的城市外圈新开发地区，则因缺乏相应的产业支撑，无法有效吸引人口。

传统意义上“多中心、组团式”的模式是重庆城市结构的重要特征。在重庆山地城市结构中，五大城中心、副中心被自然山体、水系自然分隔成为空间相对独立、功能相对完善的城市紧凑式发展区域，这种城市发展模式是最有效率、最健康的。对于重庆城市空间拓展出现的瓶颈，可从以下三个方面来讨论。

第一，大面积的开发已经对组团城市造成了伤害。主城区是重庆都市区的核心城市，在主城区5 473平方公里范围内，可供集中城市建设的用地范围主要集中在缙云山和铜锣山之间1 000多平方公里的范围内，“多中心、组团式”是重庆城市结构的重要特征。在重庆山地城市结构中，五大城中心、副中心被自然山体、水系分隔成为空间相对独立、功能相对完善的城市紧凑式发展区域，这种城市发展模式是最有效率、最健康的。然而，近年来，重庆都市区开发建设如火如荼，中心城区各种绿化隔离带和自然山体、水体等不断被开发，城市组团之间的隔离带被破坏，导致城区各中心城区蔓延粘连，重庆城市空间的组团结构已经异化。如上清寺之于李子坝、两路口之于大坪、南坪之于菜园坝等，原来都有比较明显的自然山体或者水体阻隔，而现在随着城市的急剧扩展，这些城市组团之间的边界已经被吞蚀，以往的不同区域连为一片，重庆城市组团概念已经变化为缙云山与中梁山之间、中梁山与铜锣山之间，取而代之的是城市的水泥森林大行其道。都市区主城内部城市空间的无序蔓延，诱发城区交通聚集，疏解能力不力，降低城市效率，城市发展脱离了理性的轨道。

第二，出行工具对城市空间有着十分重要的影响。从城市出行交通工具的变化来看，包括重庆在内的城市主要经历了由非机动出行为主向机动出行为主的重大变化，这种变化极大地影响了人群的活动半径。在步行和公共交通作为主要出行方式的时期，重庆主城区的建成区面积仅 160 平方公里，“一主四副”五大城市中心主要集中在内环 160 平方公里的空间范围，五个城市中心的通勤距离和通勤时间均使其能够保持相对的独立，从而使城市功能能够相对完整、均质。而私家汽车和轨道交通出行时代，重庆城市的空间尺度被放大 10 多倍，由原来 100 多平方公里扩展到近 700 平方公里左右。原来解放碑中心和观音桥、南坪副中心通勤时间基本上在 10 分钟以内可以点对点地实现通达，从这个意义上来说，三个城市中心弥漫形成了一个整体的巨型城市中心，独立运行的城市中心格局，或者说重庆传统的城市组团结构已经出现了变异。未来，重庆城市中心还将扩张到 1 200 平方公里，可以预言重庆传统的“多中心、组团式”格局将完全被打破。应当说，重庆城市的空间和城市功能应在以铜锣山和缙云山之间的平原槽谷地带，或者说，在绕城高速公路所围合成的区域内展开。

2012 年，重庆全市汽车拥有量 157. 2 万辆，较 2011 年增长 22. 9%。主城区汽车拥有量为 67. 3 万辆，增长 17. 7%。主城区私人汽车拥有量 49. 7 万辆，较 2011 年增长 22. 1%。重庆主城区汽车特别是私家车拥有量的快速增长，对主城区交通形成巨大的压力。早晚高峰时，重庆传统五大城市中心主干道的平均车行速度是 15 ~20 千米/小时，五大城市中心所在的内环以内的主干道平均车行速度是 23 ~24 千米/小时，远低于二环以内、内环以外主于道和二环地区主干道早晚高峰时期。重庆主城区这种“内紧外松”的发展态势，若得不到及时修正，会很容易引起交通拥堵、环境污染的“大城市病”。（见图 7 -4、图 7 -5）

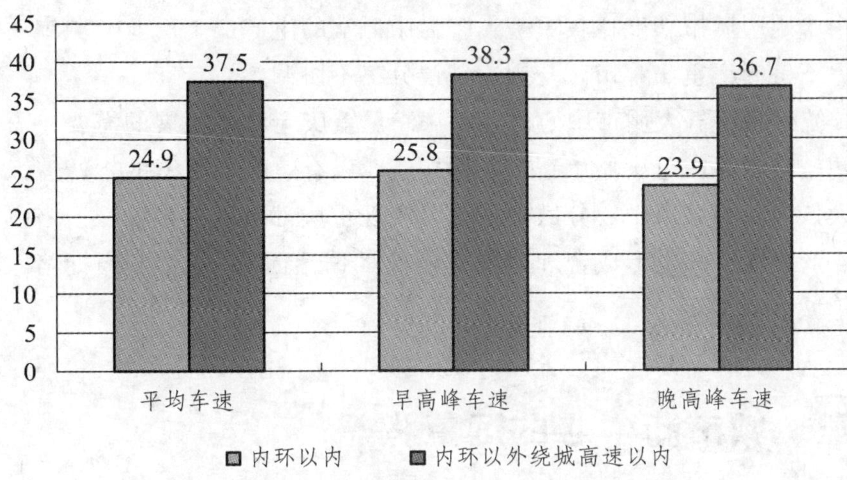

图 7－4　重庆内环和二环区域主干道车行速度（km/h）

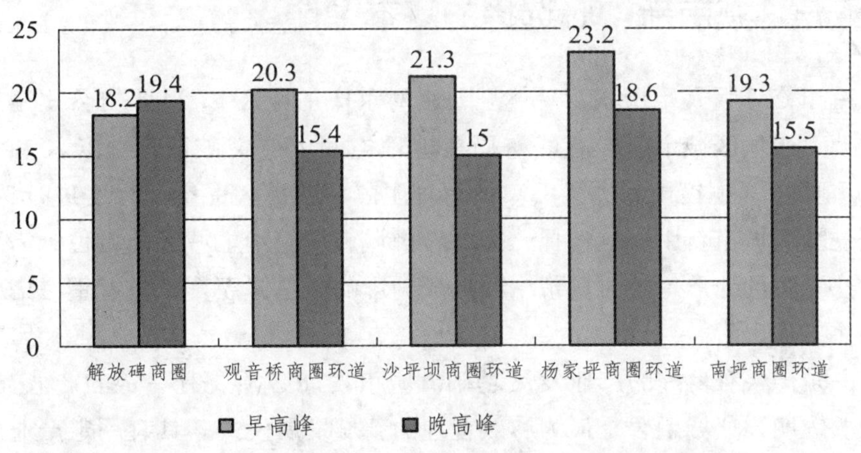

图 7－5　重庆五大城市中心地区早晚高峰车行速度（km/h）

第三，城市功能高度集中在主城核心区。主城区既是重庆高端服务功能的所在地，也是一般加工制造产业和市民居住的场域，重庆主城区多种功能空间重叠交叉，特别是一些低端城市功能挤占了大量的优质城市空间资源，也极容易带来“城市病”。我国首都北京中心城区在承载了大量政务、文化、教育、商务功能的同时，还有大量的大型生产制造产业布局，因此，尽管北京有了极为发达的轨道交通，同样还是造成交通拥堵。重庆江北区的海尔路沿线，既是重庆主城核心区所在，也是重庆大型物流吞吐和周转区域，长期以来，大型物流运输车辆与社会车辆在此交汇，运输、生产与居住等功能交织混杂，功能布局极为散乱，进而导致区域宜居宜业环境不佳。而重庆城市中心周边城市功能比较单一，多为中低端的生产加工产业，城市功能不突出、不鲜明，重庆都市区与周边城镇分工不协调。

传统的重庆五大城市中心已经无法满足重庆主城区拓展的需要，需要从更广阔的范围考虑重庆城市新中心的构造，以有效疏导过密的生产、工作与服务人口向新的城市中心分散集聚，以实现重庆都市区的核心区——主城区人口、产业在空间上形成合理匀质的分布，不至于导致城市交通拥堵、环境破坏等城市病。

三、城市新中心的远景构想

（一）城市新中心选择的基本条件

基于修订版《重庆城乡总体规划》对重庆主城区 1 200 平方公里建成区的需要，主城区城市新中心的布局在地理空间上应突破两江（长江和嘉陵江）和两山（铜锣山和中梁山）的地理阻隔，在更大的空间尺度进行选择。重庆主城区城市新中心的选择，需要考虑城市规划对主城区的定位，需要考虑重庆独特的地形地貌对城市中心形成的影响。总体而言，应着重考虑到以下几个方面因素。

一是需要有良好的产业发展基础。城市发展必须要有一定的产业支撑，有经验表明，产城融合是最为有效合理的新城发展模式。具有一定产业发展基础的新城，将有效带动生产人口及其抚养人口围绕生产基地周边集聚并稳定居住，不至于引起人口职住空间大尺度分离，并导致城市内部点对点长距离钟摆式出行。与此同时，要注重相应的医疗卫生、文化休闲等城市公共服务体系配套，从而实现人口的稳居宜居。

二是需要与传统城市中心保持适度空间距离。从多中心的重庆城市发展格局来看，新城市中心的建造，一般与最近的传统城市中心之间距离在25 ~30公里或者驾车的匀速车程在 40 分钟左右比较合适。这样一个空间距离，使两个中心对周边地区形成的排斥力和吸引力正好达到平衡，构成双核磁力场，起到稳定城市发展结构，优化城市发展结构的作用，不会干扰或者削弱已经存在的城市中心的发展。

三是需要有发达便捷的城市公共交通体系。城市公共交通体系是城市日常生产生活的重要基础。发达便捷的城市化公共交通体系对于进一步促进城市功能完善、城市空间优化起着十分重要的作用。城市新中心的建设，既要有内部较为完善的交通组织体系，同时，也需要与其他城市中心或其他重点区域建立比较快捷、方便的交通联系，如通过地铁、轻轨、BRT 等城市快速公共交通能够快速抵达。

（二）城市新中心的理想架构

作为国家级中心城市的重庆，其空间应由单核形态（即以解放碑 CBD 为核，联动江北观音桥、南坪的单核城市中心）向北、南和西三个方向扩展，打造若干个在功能上具有复合性、在规模上具有强大吸纳性的新的城市中心，从而形成多核城市中心布局支撑的国家中心城市主城空间结构。对重庆城市新中心的打造，需要强化产业支撑和功能配套，以规划为引领，以市场为导向，将城市功能布局、产业布局和人口布局统筹考虑，使城市新中心成为功能高端综合、产业与人口分布合理，能疏解重庆大都市区功能、扩张大城市功能、提升城市价值的重要新载体。

重庆城市新中心拓展的理想架构应是五核环形拱卫的形态，由于主城向东主要以山地丘陵地形为主，不适合开展大规模的城市建设，那么未来应在主城向北、向南和向西三个方向，打造五个城市新中心，即以走马—金凤为主体，兼顾江津双福，打造西南部城市中心；以西永—大学城为主体，打造西部城市中心；以龙洲湾为主体，打造南部城市中心；以茶园新区为主体，打造东南部城市中心；以悦来—空港新城为主体，打造北部城市中心。从国家中心城市发展看，这五城市新中心应承担与解放碑—观音桥—南坪三角城市中心等量齐观的综合服务功能，形成对传统城市中心功能的有机疏解，有利于城市更大尺度的外向扩张拉伸，以起到真正疏解人口和产业的目的，缓解未来重庆都市区作为巨型城市的中心压力。

走马—金凤—双福城市中心。突出现代制造与商贸服务功能。继续做大做强业已形成一定规模的汽车摩托车制造业和电子信息制造业，并探索发展机器人制造等高端制造业；做大做强商贸物流业，积极承接主城区农贸、大型机械装备、汽摩配件等市场外移，繁荣商贸服务；依托重庆市设立于双福的金融后台服务中心，积极发展互联网金融和区域性总部，打造科技、宜居、休闲的城市新区。

西永—大学城城市中心。突出科技文化服务、高精尖制造研发等功能。依托现有的笔记本电脑制造等电子信息产业，拓展以集成电路、电子产品、软件研发及服务外包为主的现代服务业；依托渝新欧国际贸易大通道的起点和西永综合保税区等政策优势，加快政策创新，推进国际服务贸易蓬勃发展，成为重庆与欧洲文化、贸易交流的窗口前沿；利用大学城的科技文化集成优势，逐步改变大学城比较单一以教学为主的城市功能，拓展科技、文化等创意类产业，在条件成熟时，将大学城更名为虎溪智慧城；推进西永与大学城资源的优化配置，强化两地联动，使之成为重庆主城西部最具活力的创新高地、产业成果转化基地、文化教育中心。

龙洲湾城市中心。依托龙洲湾独特的山景和水景优势资源，大手笔进行山水城市形象规划。注重山水自然景观、巴渝人文景观和现代城市发展的有机整合，突出发展高端商贸、旅游休闲、城市宜居等功能；引入国内知名品牌城市运营商，建设一批具有国际水准的城市商务综合体、大型亲水性娱乐设施，建设重庆非物质文化遗产博物园等重要公共文化场馆，打造主城南部重要的中央休闲区和中央活动区，成为重庆南部的战略枢纽和黔渝在南部交流的战略枢纽，展示领略重庆巴渝文化的重要平台。

茶园城市中心。利用国家级经济技术开发区的政策平台，择优招商选商，重点发展移动通讯设备、信息家电、光电产品为主的消费类电子产业，并拓展软件服务外包、系统集成、物联网等信息服务业；依托内河最大的港口发展港口物流、总部服务，推进港城融合发展；建设中国物联网基地、中国西部手机生产基地、移动通讯国家高新技术产业基地、中国西部重要的机械装备和船舶生产基地；高起点建设茶园商圈，扩大商圈区域影响力，提升区域商贸服务水平和规模，完善城市文化、教育和卫生等设施配套，建设宜居生态城区。

空港—悦来城市中心。空港、悦来片区位于重庆两江新区，是重庆大都市区最具率先开发条件的城市新中心。要积极发挥江北国际机场、重庆中央公园、重庆悦来国际会展中心等重大公共服务设施的综合功能，提升区域要素集聚与整合力，大力集聚以临空制造为主的先进制造业和现代服务业，全方位构建临空新兴经济形态，成为重庆国际大都市的形象展示区。

第八章
近郊新区的融合发展

从国家中心城市建设的定位和城市空间变迁的轨迹出发，重庆大都市区中心城区的向外扩展将成为一种必然趋势。推进城市中心与城市外围地区的近郊新区融合发展，是重庆都市区空间整合发展的重要内容。本章以重庆双福新区为例，对近郊新区向重庆都市区融合发展路径作一分析。

双福新区地处重庆市江津区北部，重庆二环高速公路的西部，现辖4个行政村、7个居委会，行政区域面积70平方公里，城市总人口约12万人，建成区面积约20平方公里，是重庆市近郊重要的产业基地。2012年，双福新区实现工业总产值233.6亿元，同比增长43%。汽车摩托车制造和电子信息产业是双福新区产业两大支柱。其中，汽车摩托车产业集群集聚了以东风小康、铁马、潍柴、润通为龙头的155家整车及零部件生产企业，年产值达130亿元；电子信息产业集群集聚了以全球科技百强群光电子为代表的55家笔电配套企业，预计2016年产值达到150亿元，将成为重庆笔记本电脑又一重要配套基地。

一、新区发展比较分析

（一）在区级层面比较

江津区位于重庆西南长江之滨，距渝中区公路里程50公里，铁路里程65公里，水路里程72公里。双福新区和德感工业园区、几江片区（几江旧城、东部新城）、滨江新城和珞璜工业园区同为江津区重要的工业与城市发展平台。（见表8－1）

表8－1　江津区主要经济片区对比表

区域名称	城镇职能	所处位置	用地规模（平方公里）	近期建设用地（平方公里）	人口规模（万人）	发展定位	产业发展方向
双福新区	以经济职能为主的产业新城	江津区北大门、重庆西部新城核心区	70	43	12	重庆市七大城市副中心之一	重庆制造业基地
德感工业园	以经济职能为主的特色工业园	江津区德感街道杨林社区	20	10	5	重庆市16大特色工业园之一，江津“双百”现代化大城市的重要板块	装备制造、粮油食品加工
几江片区（几江旧城、东部新城）	以行政职能为主的综合中心体	江津区东北部，地处重庆西南、长江之滨	10.46	9.12	15	富有鲜明山水城市特色的传统城市中心区、城市综合区	以市级行政办公、商贸、居住、旅游服务为主
滨江新城	以经济职能为主的新城	几江旧城西北部	36.52	20.55	8	江津区副中心	以商贸、居住、第三产业为主
珞璜工业园	以经济职能为主的特色工业园	珞璜镇	80	15	15	千亿级工业园，宜业宜居新城	集能源工业、新型建材业、现代制造业、高端造纸工业和物流业为一体的重要工业基地

通过以上对比分析，在江津的重要功能版块中，德感工业园、珞璜工业园是重庆市重要的特色工业园，以第二产业发展为先导；几江片区是江津的传统城市中心区；滨江新城则以发展行政、文化和居住为主，是江津旧城城市职能和功能的补充与更新。四个新区建设结构比较单一或零散，发展建设主要以服务江津为主，是江津完善自身产业、居住、行政等建设的主要承载地。双福新区定位为产城融合高地，现代工贸、服务、生态宜居与旅游均有布局，双福新区近期规模达到40平方公里，是德感工业园的4倍、几江片区的5倍、滨江新城的2倍、珞璜工业园的3倍，发展远期目标为100平方公里，远超出其他经济片区的规模，双福新区的城市性涵义更丰富。双福新区发展平台除联动江津城区外，还以重庆主城为基础，主要承接主城的城市外延和拓展，是主城和江津共同发展建设的桥梁。相比较而言，双福新区具有平台更优越、定位更高、性质更丰富、规模更大、发展体系更完整五个方面的特点。

（二）在重庆层面比较

重庆主城作为中国西部交通物流中心、加工制造中心、文化科教中心、西部金融中心，在新一轮城市发展规划调整中，已经确定要建设1 200平方公里、1 200万人口的特大城市，重庆主城区突破中梁山、铜锣山向外拓展趋势十分明显。在此背景下，一批新区迅速崛起。发展路径类似，可供双福新区参考借鉴的有位于重庆主城区的北部新区、西彭工业园、西永微电园、茶园新区、蔡家工业园和空港新城等。（见表8－2）

通过表8－1和表8－2数据对比分析可知，与重庆主城区代表性新区相比较，双福新区无论是在规划建设规模、经济发展水平、交通等基础设施配套，还是在获得国家和市级优惠政策支持上均存在不小的差距。作为综合性新区的双福，在建设规模、政策支持、体制机制完善等方面仍有提升空间。上述新区应成为双福新区重要学习标杆和追赶对象。（见表8－3）

（三）在全国层面比较

在全国范围内，与双福新区有着类似区位和发展背景的新区不乏成功案例，如天津中新生态城、上海崇明新城和珠海横琴岛新区等，这些新区有着丰富的发展经验可供双福新区借鉴。（见表8－4）

表 8-2　重庆主要发展新区/工业园对比表

区域名称	所处位置	用地规模（平方公里）	建设用地（平方公里）	人口规模（万人）	发展定位	主要发展产业
双福新区	江津区北大门	70	43	12	产城融合高地	电子信息、汽车摩托车制造
茶园新区	重庆主城区东南，与两江新区隔江相望	120	75	50	以“产城融合”为核心理念，打造宜居生态型、宜业创新型、生活智慧型新城区，南岸区政治、经济和文化中心	以移动终端和通讯设备为主的电子信息产业，以汽摩装备、通用设备为主的装备制造业
空港新城	重庆主城北部区域	54	41	——	现代空港枢纽和现代服务业较为发达的综合性城市功能区，全市经济发展新的增长点	航空运输业、商贸流通业、现代商务业、会展酒店业、现代物流业、生态宜居业、休闲娱乐业
北部新区	北靠国际空港，南临重庆中央商务区，西依嘉陵江，东接长江	130	——	120	国内内陆开放型示范区；高新技术产业研发、制造及现代服务业聚集区	汽车摩托车产业、仪器仪表产业、电子信息产业、外包服务、新医药及生物医学工程产业
西彭工业园	重庆九龙坡区	65	18	10	中国铝加工之都、重庆大工业新基地、西部新城优势城市组团	铝加工业
西永微电园	重庆主城西郊、西永组团内	37	——	——	重庆优化和提升产业结构、发展高新技术产业的IT产业园区	软件及服务外包、集成电路、基础电子、电子元器件配套、PC制造

表8-3　重庆主要发展新区/工业园区区位对比表

区域名称	高速公路数量	水港、空港、铁路	大学	与主城大山分隔	开发区级别	政策优势
双福新区	2	—	有	有	省级	—
北部新区	0	水/铁	—	有	省级	享受开发新区——两江新区政策
西彭工业园	1	水/铁	—	有	省级	主城特色工业园区
西永微电园	2	水/铁	有	有	省级	西永综合保税区
茶园新区	2	水	—	有	省级	—
蔡家工业园	2	水/铁	—	—	省级	两江新区
空港新城	2	空	—	—	国家	

表 8-4　双福新区与全国其他城市新区发展比较

城镇名称	区位	用地规模（平方公里）	建设用地（平方公里）	人口规模（万人）	发展定位	发展目标
双福新区	重庆主城西郊，距主城 21 公里	70	43	12	重庆市七大城市副中心之一	—
天津中新生态城	天津滨海新区内，距天津中心城区 45 公里	—	32.23	35	城市可持续发展样板，生态文明建设国际平台，国际合作示范区	建设环境生态良好、充满活力的地方经济；促进社会和谐和广泛包容的社区的形成；建设一个有吸引力的、高生活品质的宜居城市；探索未来城市开发建设的新模式
上海崇明新城	上海北部长江口，距上海主城区约 40 公里	—	26	20	上海大都市北翼的中等规划新城，崇明岛域的政治、经济、文化中心和以田园水城为鲜明特色的海岛花园城市	环境优美、经济繁荣、社会文明、生活舒适，富有田园水城特色的海岛花园城市
珠海横琴岛新区	广东省珠海市南部	106	—	—	以合作、创新和服务为主题，充分发挥横琴地处粤港澳结合部的优势，推进与港澳紧密合作、融合发展，逐步把横琴建设成为带动珠三角、服务港澳、率先发展的粤港澳紧密合作示范区	重点发展商务服务、休闲旅游、科教研发和高新技术产业，加强生态环境保护，鼓励金融创新，实行更加开放的产业和信息化政策等，逐步把横琴建设成为"一国两制"下探索粤港澳合作新模式的示范区、深化改革开放和科技创新的先行区、促进珠江口西岸地区产业升级的新平台

双福新区区位与其他三个新区相似，距离主要辐射城市仅几十公里，是辐射城市推进城市化的主要承载地。

通过城市定位的比较，可以发现，天津中新生态城以生态建设为城市发展内涵，崇明新城以田园水城为城市特色，横琴岛新区以区域合作发展体现区位特点，而双福新区的城市定位缺乏发展理念和自身特色，发展目标缺乏，城市品质建设目标显得单薄。双福新区可以借鉴以上成功案例，抓住自身“区县地位、主城定位”以及位于缙云山脚等特色，强化自身城市副中心的属性，打造产城融合的城市环境和发展基础，以及发展更加和谐、宜居的山水城市，从而增强城市发展的内生动力。

二、融合发展的战略承载

坚持解放思想、先行先试，坚持开放开发、突出特色，坚持集约节约、引领发展，以产促城、以城聚产，着力推进大平台、大产业、大项目、大企业建设，走“外延拓展”与“内涵提升”并重之路，实现经济社会和生态环境协调发展，努力将双福新区打造成环境优美、生态良好、经济繁荣、生活富裕、社会文明的城市发展明珠。

双福新区应以“产城融合”和“融城”两大战略为主线，推进城市化和工业化双引擎驱动，积极发展先进制造业、战略性新兴产业和现代服务业，完善产业发展平台，强化城市综合服务配套，提炼山水城市文化内涵，铸造高尚生态城市品质，构建健康是福、快乐是福的城市发展愿景，成为集产业、栖居、游憩、休闲于一体的产城融合示范区、山水宜居幸福城。

顺应战略定位，双福新区的战略承载应当包括以下内容。

成渝城市合作的枢纽要塞。发挥双福处于二环和成渝高速交界处的独特优势，建立重点产业发展平台，积极承接成渝两地资金、技术和人才入驻共同发展，扩大重庆主城区向西与成都合作的战略纵深，积极参与成渝经济区产业协同分工，成为两个特大中心城市经济社会交流协作的桥梁和要塞，成为成渝经济区先进制造业发展的重要节点。

承接重庆主城功能扩散的重要平台。着眼于融入主城、分担主城、传递主城、双向互动，完善提升城市居住与公共服务设施，在建立稳定的自我依赖的城市服务体系的同时，积极承接重庆都市功能核心区和都市功能拓展区的人口、产业、资金、技术的外溢，有效疏解重庆主城过度膨胀的压力，成为重庆主城向外缘扩散的重要承载地。整合各类发展资源，完善重要服务设施平台，重点推进一批具有强大发展前景的现代制造业在双福新区集聚，鼓励各类科学技术成果在双福就地实现产业化转化，形成规模宏大、竞争力突出的现代制造业高地。

休闲宜居美丽新城。按照智慧城市、生态城市发展理念，保护好既有湿地水网、农田山地等生态景观，高起点规划、高标准建设、高强度投入、高效能管理，打造成为江津乃至全市的城市发展新标杆、休闲居住新天地，成为人人热切向往的山形水胜之福地、美丽平安之家园。

双福新区应把发展作为第一要务，坚持创新发展、融合发展、生态发展、率先发展，努力实现经济集聚辐射能力强大、自主创新能力明显提高、城市综合服务功能充分发挥、公共服务和社会和谐程度走在五大功能区前列等目标，总体上要在四个方面实现发展新跨越：

一是产业升级有新的跨越：打造千亿级制造产业集群和千亿级专业市场集群，大力推进科技成果转化，完善要素市场，形成“研发 + 制造 + 服务”融合发展、共同发展的新型产业体系。

二是城市建设有新的跨越：城市形态建设与功能建设并举，拉开中等城市规模的城市框架，突出城市品质和文化品位，形成健康向上、文明有序、生态宜居的城市发展新空间。

三是区域协作有新的跨越：不断深化改革，扩大开放，密切与成渝经济区，五大功能区中的城市发展新区、都市功能拓展区、都市功能核心区等多层次、多领域、多方位的协作关系，形成发展活力迸发、创新氛围高涨的投资新环境。

四是民生改善有新的跨越：推进基本公共服务均等化，大力发展优质义务教育、公共医疗、文化科技、失业养老等公共服务体系，形成健全完善的民生保障，扩大社会参与，打造平安双福。

三、融合发展的战略途径

（一）推进传统工业升级，打造城郊制造业高地

1. 壮大汽摩装备制造业

汽车及摩托车制造产业链长、带动面广、市场潜力巨大，是重庆市的传

统优势产业，也是双福新区重点打造的支柱产业之一，要坚持产业集群化、高端化发展道路，集中力量培育一批龙头企业，推进汽车摩托车整车与关键零部件产业协同发展。

一是重点发展汽车整车业。要结合全市汽车产业布局和结构调整，走差异化道路，支持东风小康、铁马、潍柴等整车生产企业做好产品结构布局优化，加快推进东风小康 10 万台微型车、铁马 4 万台特种车、潍柴 30 万台 SUV 乘用车项目早日投产形成产能。继续引进 1 到 2 家大型整车生产企业，形成以乘用车、特种汽车、专用汽车、高档豪华客车和房车系列为主的汽车整车生产系列，推进电动汽车产业化进程。

二是调整发展摩托车整车业。要密切结合市场消费趋势变化，抓住产业转型新当口，以润通 20 万台摩托车项目为支撑，壮大摩托车整车制造产业。加大对摩托车产品提档升级，走多元化道路，大力推进沙滩摩托、水上摩托、越野摩托、特技摩托和拖车摩托，开发混合动力摩托车、纯电动摩托车和燃料电池摩托车等节能环保摩托车，其主流产品朝着休闲娱乐型摩托车方向转型。依托摩托车产品的开发生产能力，积极开发通机动力及终端产品，发展电动助力车项目，走相关多元化发展战略。

三是大力发展汽摩关键零部件业。将汽摩关键零部件产业作为汽摩产业的一个重点经济增长点，重点引进发动机及配件、制动系统、转向系统、悬挂系统和变速系统等关键零部件企业，形成汽车摩托车整车与零部件企业协同发展格局，并努力扩大全国各大知名汽车企业的产品配套网络关系。

2．壮大电子产品制造业

电子产品制造业是重庆市新兴培育的支柱产业，是近年来国际国内增长率最快的产业之一。双福新区要瞄准国际电子产品制造业发展的多元化趋势和重庆电子产品制造业的布局体系，大力拓展笔电配套、消费电子、汽车电子和移动互联网设备等电子产品制造业。

一是发展笔电配套。要围绕重庆建成全球最大的笔记本电脑生产基地目标，以群光电子为龙头，加强与笔电品牌商和代工商的产业内分工与配套联系，重点发展主板、显示器、光驱、磁盘存储系统等制造组装类产业，打造一级零配件供应商生产基地。拓展计算机的研发设计服务、营销服务、品牌服务、渠道服务等，构建双福“制造 + 服务”的笔电发展模式。

二是发展消费电子。要着力吸引台湾地区仁宝、宏碁、技嘉、精英、明基及大陆的联想、海尔、美的、TCL、海信等主要数码电子企业落户双福新区，重点发展数码相机/摄影机制造、智能家电、显示器/液晶模组制造、数字存储产品及配套产业。

三是发展汽车电子。立足既有汽摩产业基础，大力发展车载电子、自动变速器、液压制动防抱系统控制、电动助力转向控制、悬架控制等电子控制装置，发展车载导航系统、车载信息和通信系统、仪表盘照明系统、电子导航系统、数字视频系统、数字音响等车载电子设备。

3. 培育一批新兴制造业

积极开展招商引资工作，围绕产业结构升级和自主创新能力提升，大力培育形成一批有发展前景、有技术含量、有较强带动力的后备产业。

一是积极发展消费品工业。围绕扩大内需和民生发展需求，积极拓展具有较强市场成长潜力的消费品工业。主要发展方向为以LED照明和灯饰为重点的照明器具产业，以品牌成衣、休闲和户外运动服装、鞋帽为主的轻纺服装产业。

二是稳步发展机器人产业。结合双福作为重庆机器人产业三大功能区定位，按“龙头企业+重点部件制造商”的模式，加大对安川、OTC、发那科、川崎重工等日韩企业招商引资，构建双福的机器人整机产业化基地，早日实现驱动器、电机、减速器等模块化核心关键部件研发制造本地化。

三是探索发展通用航空制造业。结合我国低空空域的逐步开放和重庆打造通航产业，承接世界通航知名制造业公司产业转移，率先抢占通航产业制高点。重点发展航空机载电子业，航空新材料业，通用航空飞行监视与管理设备、飞行服务系统设备、空地一体的通用航空机场指挥调度设备，与两江新区通航产业园形成紧密配套服务关系。

四是推进研发制造一体化发展。在引进制造业主体的同时，要积极鼓励企业在双福设立企业研发中心、技术中心，强化企业的集成创新和消化吸收再创新能力的形成，以企业为主体，以市场为导向，以政策为支撑，推进新区企业自主创新产品、自主品牌的本地化过程，将双福新区打造成高新技术成果转化及产业化基地。

（二）集聚高端要素打造配套主城现代服务中心

1. 大力发展服务外包业

紧抓双福打造重庆市金融后援服务中心契机，大力发展金融服务外包产业，积极培育培训、资产管理和研发等服务外包业，打造金融后援服务中心和特色服务外包基地。

大力发展金融服务外包。打造集数据处理、软件开发、培训认证、创新研发、征信查询等功能于一身的，金融机构“一站式、全方位、标准化”的研发中心、数据中心、档案中心、培训中心和客服中心，成为重庆市金融后援服务中心。一是加快金融服务载体建设。建设金融总部商务区，形成重庆市金融后援服务中心的标志性区域；建设金融产业集聚区，形成金融机构密集、要素市场完备、集散功能强大的金融机构和市场集聚区；建设金融服务外包集聚区，形成以金融 ITO 基地、金融 BPO 基地、金融 KPO 基地、离岸外包基地为支撑的服务外包集聚区；建设金融配套服务区，成为国际金融服务岛、金融家栖息聚集地。二是大力发展金融服务外包业。发展信息技术外包（ITO），开展银行数据、信用卡数据、各类保险数据、保险理赔数据等数据处理及整合业务，开展应用软件开发与服务、嵌入式软件开发与服务和其他相关的信息技术服务；发展业务流程外包（BPO），重点开展呼叫服务、现金押运服务、数据录入、交易处理、财务技术支持和消费者支持服务、运营流程外包等服务；发展知识处理外包（KPO），开展人力资源培训、知识创新、产品研发等服务。三是在开拓国内市场的基础上，积极开展离岸客户服务、离岸软件开发业务。引进 1 到 2 家区域性金融管理中心。四是积极发展金融配套服务。争取国内外知名的会计、审计、法律服务、信用评级、资产评估、投资咨询等与金融相关的中介服务机构设立法人机构、区域总部或分支机构。

积极发展其他服务外包业。一是发展服务外包培训。依托江津区和双福新区丰富的教育资源，构筑由高等院校、服务外包企业、职教培训机构等组成的多元化、多层次服务外包人才教育培训体系。提供服务外包业务交易、资质认证、软件开发、公共技术应用等服务外包专业知识和技能的培训、实训，成为服务外包人才培养高地和服务外包实用人才孵化高地。二是积极发展资产管理外包（CMO），开展办公场所租赁、食堂服务、保安清洁服务等。三是积极发展研发外包（CRO），开展包括市场调研、产品概念形成、产品计划、产品开发、中试、发布等环节的外包服务。

2. 发展壮大专业市场群

发展壮大三大专业市场。加快推进三大专业市场提档升级，引入电子商务功能，完善现代市场体系，打造现代批发交易中心，成为西部地区农产品、汽摩及配件和中高端钢材的交易中心、价格形成中心和信息中心。一是把国际农贸城打造成为西部地区规模最大、档次最高、功能最全的集农产品（含期货）的展示、交易、仓储、物流配送、信息发布、检测等功能于一体的现代化大型农产品批发交易专业市场，使之成为西部农产品的交易中心、信息中心、价格形成中心和检验检测中心。二是把攀宝钢材市场打造成西部地区最大的集金属材料交易中心、信息中心、仓储中心、物流配送中心、钢材加工中心为一体的，西南地区规模最大、档次最高、功能最完善、国内领先的国际化高端钢材现货交易市场。三是把和润国际汽摩城打造成为中国西部地区集国内外品牌轿车、货车、特种车、摩托车、电动车的整车销售，配件供应、维修保养、装饰美容、汽摩展会、文化传播、酒店公寓、关联赛事等于一体的汽摩贸易和服务中心，成为立足西南、辐射西部、面向全国、接轨国际的，中国西部地区功能最全、模式最新的国际化汽摩贸易中心、博览中心、物流中心、信息中心和服务中心。

加快推进专业市场提档升级。一是逐步完善信息中心、价格发布中心、质量检测中心、综合服务中心等功能，以三大专业市场为载体，打造网络平台与现货市场捆绑互动、电子交易与传统交易双轨并进、虚拟市场与实体市场协同发展的，“专业市场 + 电子商务 + 现代物流”的电子商务发展形态。二是着力建设“物联式钢材仓库互联商务平台”“农产品贸易资讯平台”和“西部国际汽摩网”三大专业性电子商务平台。三是积极推动三大电子商务平台向 B2B、B2C 与 B2M 交易融合发展，逐步拓宽服务领域，充实服务内容，完善信息资讯、在线交易、仓储金融等拓展功能，打造西部地区农产品、汽摩及配件、中高端钢材等行业重点电子商务平台。

3. 培育壮大现代商贸业

加快现代商贸商务密集区建设。培育壮大现代商贸业，打造充满现代都市气息、引领消费时尚、购物便利、规范有序的现代商贸商务中心。一是推进双福 CBD 建设，建成集聚品牌、商家和商品，融商业、旅游、文化、生态和吃、穿、用为一体，充满现代都市气息、引领消费时尚、购物便利、规范有序的现代化中央商务区。重点建设主题公园、会议经济区、文化产业区、国际生态商务区、商住娱乐综合区五大功能区，打造提升双福服务能级、展现双福生态创新、凝聚双福智慧活力、彰显双福城市魅力的“7×24小时活动区”。二是加快推进奥特莱斯购物广场建设，打造集中高端购物、餐饮、娱乐、休闲旅游、金融、文化等功能于一体的，提供吃、喝、玩、乐、购一站式服务的，品牌高端、配套齐全、品质独特的超大规模购物中心（Shopping Mall）。三是加快招商引资力度，引进宜家、麦德龙、沃尔玛等大型知名商业综合体；引进7－11便利店、罗森（Lawson）便利店、全家（Family Mart）便利店等知名便利店品牌。四是培育融特色餐饮、休闲、文化、生态商务、旅游休闲等功能于一体的特色商业街。五是结合双福CBD、恒大金碧天下国际会议中心、晋愉大岭湖商务会所、福城中央休闲广场以及财富中心、五星级商务休闲会所等的建设，建设大型写字楼等商务楼宇，形成商务服务业集聚区，打造现代商务中心。

大力发展现代商贸流通业。以优化业态结构、扩大经营范围和规范化管理为重点，大力发展连锁经营，推动传统商业经营方式向现代流通方式转变。加快双福电子商务综合信息服务平台建设，推进与全市以及周边主要区县电子商务综合信息服务平台的联网与信息共享。积极培育和引进大型网络零售企业，鼓励和支持市内外知名网络零售企业在双福设立营运中心和区域性物流配送中心。支持传统企业自建网上商城，独立营运。引导利用国内外知名第三方平台开设网上旗舰店、专卖店。推广店铺托管、商品代运营等营销模式。启动建设双福快件集散中心。

4. 积极发展总部经济

依托双福雄厚的制造业基础，发挥政策和区位优势，以载体性项目建设为重点，结合城市综合功能的完善，积极推动高规格、高标准体现城市特色和时代精神的地标性建筑建设，吸引层次高、辐射力强的机构总部入驻，打造汇集中介总部、商务总部、金融总部、研发总部、物流服务总部等的区域性总部基地。

一是结合双福CBD建设，规划建设高端服务业总部经济园，重点建设甲A写字楼及星级酒店，发展互联网、移动终端服务平台、文化娱乐、现代商贸流通业，打造高端服务业总部基地。二是抓住重庆市金融后援服务中心建设机遇，规划建设金融大厦，打造金融后援总部基地。三是结合三大专业市场，建设双福市场营销总部基地，成为汽摩及零部件、农产品、中高端钢材等的营销中心和结算中心，打造市场营销总部基地。四是整合双福职业教育资源，规划建设职教云端总部大楼，重点发展电子书、电子书包、网络职业教育等公共教育，打造职业教育总部基地。五是依托双福及江津区现代物流业的发展，规划建设物流总部大楼，重点布局物流企业和销售企业采购、营销、结算中心，打造物流总部基地。六是建立创意办公 Loft 区域，打造动漫设计、影视渲染、软件设计、出版、文化旅游等服务机构集聚的 SOHO 空间。

（三）优化空间环境，打造山水品质宜居新城

1. 加快城市基础设施建设

推进城市交通基础设施建设。按照同城发展目标，加快构建以“三横三纵”为主干线的内部通畅、外部通达、集约高效的网络化交通体系。推进成渝复线、渝泸复线等的建设，构筑连接周边、连通全国的对外连接主通道。积极参与重庆市城市快轨规划建设，争取城市快轨早日开工。充分整合现有及规划中的干线公路网，加快区域内各个片区（板块）之间交通网络连接线的建设改造和等级提升。结合交通干线建设、城市发展和产业布局，规划建设客货运站和公共停车设施。

推进市政基础设施建设。加快环卫设施建设与整治，提高管理水平，彻底解决城市污水、垃圾污染环境的问题。加大管网设施的修建与维护力度。加快全域排水管网的干线和支线建设，建成覆盖全域的完善的城市排水系统，使城市污水收集率、集中处理率达到全市先进水平。加快照明系统设施建设，塑造美丽双福城市风貌。

推进信息基础设施建设。积极应用下一代互联网 IPV6 网络，及时升级现有的互联网网络，建设极高带宽的基础通信带宽。积极引进 LTE 技术，加大 WLAN 的部署力度和提高精度，与 4G 结合建设“无线宽带城市”。推进工业主导行业信息化，围绕装备制造、电子信息等主导产业，推动信息技术与制造技术在研发设计、生产过程、企业管理、产业协同等环节上的融合。优化政府工业管理体系，推动信息化与政府管理服务体系融合，建立政府、行业和企业之间的良性互动。尽快建成覆盖人口、土地、经济、社区、环境、市政、交通等领域的双福城市数字化管理信息系统，从空间布局、网络

构建、数据处理、应用领域和交通评估等多方面提升城市管理智能化水平。

2. 推进休闲旅居设施建设

围绕健康是福、快乐是福的城市文化主题，打造覆盖儿童、青少年、中老年等不同年龄阶段人群休闲娱乐及养生需求的服务设施。

打造少年儿童学习成长乐园。以少年先锋队报整体入驻双福为契机，打造集教育服务、培训、新媒体、拓展训练、社会体验等功能于一体的青少年学习娱乐重要活动基地。积极吸引“星期8小镇”“DO都城”“酷贝拉”项目入驻，以儿童社会角色体验为主题，为5到12岁儿童提供各式大人社会角色体验，让孩子们在互动的环境中尝试各项工作，体验真实的社会活动，寓教于乐，打造成为全市高端儿童学习成长乐园。

打造时尚青年休闲消费基地。加快推进奥特莱斯、恒大迪斯尼乐园、礼宴天下、美食城及娱乐城等载体项目的整体建设，规划建设高端住宅和商务会所，建设具备休闲度假、露营、户外运动、实景演出、越野体验等功能的大型汽车露营基地，打造中青年购物、休闲、旅居、婚庆、商务会议等于一体的综合性休闲度假胜地。

打造中老年养生健康胜地。依托双福缙云山、湖泊、森林等生态资源和江津富硒资源优势，建设一个具备养生、休闲、度假、养老等功能于一体的中华文化养生基地。打造一个有浓郁奥地利建筑风格和欧陆人文风情的哈斯塔特小镇，建设文化广场、音乐广场、啤酒广场、商业步行街、沿湖步道、特色酒店、会所及教堂、主题体验馆等风情设施。打造集葡萄种植、管理，葡萄酒酿造、销售、体验于一体的法式葡萄酒庄园。

3. 加快推进城市品质提升

加快城市公园、广场和慢行系统建设，加大城市绿地建设，推进城市养生旅居设施建设，进一步拓展城市公共休闲空间，大力提升城市整体品质，打造宜居新城。

加快城市公园、广场和慢行系统建设。推进晋愉大岭湖公园一期、迎宾公园功能完善，丰富公园文化内涵，扩大城市休闲空间。推进社区公园及休闲广场建设，打造集休闲、娱乐、社区文化展示等功能于一体的公共平台。高水准开发大溪河、冒水湖、浓爱湖、团结湖等生态资源空间。大力推进主干道沿线绿化美化建设，构建长效常绿（鲜花）走廊，推进滨河及环湖路绿化工程。推进缙云山登山步道建设，构建绿色生态、养生康体廊道。结合旅游、休闲、交通等不同目的的慢行交通需求特征，构建沿河、环山慢行交通系统，分离慢行交通与机动车交通，提升城市休闲品质。

加快推进城市风貌建设。充分发挥双福新区依山傍水、绿树成荫等自然资源富集优势，按照山、水、城融合，协调、和谐和可持续发展的总体思路，加强城市风貌建设，建设现代化宜居新城。在“三横三纵”及城市内部路网周边加大绿地建设力度，配以城市公园、社区公园和休闲广场，以楼前屋后及建筑的窗口、阳台、屋顶和人行天桥上的花卉为点缀，构建立体绿化网络系统，提高城市绿地覆盖范围，打造优美的生产生活环境，优化城市整体风貌。在大溪河、冒水湖、浓爱湖、团结湖等的开发过程中，要树立亲水理念，保护周边自然生态，突出公共休闲功能，构建亲水平台，合理确定各类建设用地规模、建筑密度，保护城市的轮廓线和水际线。在缙云山海拔300米以下山体开发建设过程中，要切实树立亲山理念，保护森林资源，大力提升森林质量和景观效果，突出公共休闲功能，保护视觉通廊，打造城市观景平台和城周山脊线夜景，构建轮廓分明的山际线和城市轮廓线。

4. 加快推进城市文化建设

以彰显城市竞争力、凸显城市特色、提升城市形象为目标，塑造“创业创新、产城融合、现代开放、崇尚文明、休闲宜居”的城市文化品牌。

推进城市文化载体建设。依托双福 CBD 及商业综合体的建设，通过文化墙体、公园雕塑、浮雕艺术、诗词碑文、路桥灯饰、亭台场馆等方式，打造彰显现代城市文明和时尚文化气息的重点区域。运用丰富的植物元素与人工造景手法，结合地区资源分布，通过场地设置，创造出线性多维空间，将主干道两侧打造成为融合历史情怀、健康绿源、现代产业的特色景观大道，充分展现城市风貌。

推进现代产业和城市文化融合。以推进现代工业文明、现代商贸业、都市休闲旅游文化的充分整合为突破口，以“游青山绿水、品人文精华、购名优特产、体验现代产业文明”为主题，推进双福现代产业和城市文化的深度整合。重视优化城市文化环境，丰富文化内涵，力求在休闲娱乐中彰显双福现代产业、生态休闲、宜居宜业的城市文化。

打造双福城市文化名片。深度挖掘最能体现双福特色的生态休闲文化、现代产业文化等精髓，精心建设城市标志性文化设施，提升城市文化品位。围绕装备制造、电子信息、专业市场等资源进行组织、策划和包装，扩大对外宣传力度，不断增强双福在外部世界的影响力和知名度。组织编写“双福之歌"，通过报纸、电台、电视及网络媒体向外推介。

（四）推进民生建设，提高城乡居民幸福指数

1. 完善提升医疗健康服务体系

进一步推动以重医三甲医院、福城医院、龙湖医院为代表的医疗体系建设。积极整合与引进主城区优质医疗资源，协调市级主管部门，整合市中医院、市中药专科学校、重庆医科大学中医药学院、重庆邮电大学中医院专业等中医教学科研机构资源的基础上，成立重庆中医药大学（或学院）并落户双福，使双福成为重庆市中医教学、研究和医疗的最重要地区。引进主城区的知名专科医院在双福设立分院，吸引周边地区病患到双福就近就医。充分利用双福山水资源发展养生保健服务，积极发展高端私人诊所等医疗服务机构，满足市场需求。依托双岛湖水库、浓爱湖水库以及重要的山塘湖泊，进一步优化生态环境，引入高品质的以养生、医疗、健身为一体的医疗保健专业服务机构，吸引到双福旅游休闲的游客停留更长时间进行养生保健消费。依托缙云山脉的优美环境引入太极禅国际文化发展有限公司，为不同年龄、不同兴趣、不同需求的人群特别设计并提供现代化的太极禅训练体系、文化传播，以及服装服饰、食品饮品、生活用品和旅游产品等衍生品。将高端旅游休闲产业与养生保健服务紧密结合，使双福成为重庆主城重要的养生保健服务基地。

2. 打造优质完整的全民教育体系

推进双福新区从幼儿园到大学阶段完整的教育体系建设，重点发展优质义务教育和特色教育培训。认定等级幼儿园，创建普惠性幼儿园。推进以双福中学、育才中学、重庆交通大学二期、重庆能源职业学院、重庆市城市建设技工学校为基础的学校体系建设。积极引进市级优质义务教育资源，争取一中、三中、八中和巴蜀中学在双福新区建立分校。差异化发展教育，针对高收入阶层子女教育需求引入枫叶国际学校等贵族学校和精英学校，改变重庆贵族学校发展落后的局面，将贵族教育打造成双福教育的一张名片。探索发展涉外教育，针对主要以出国为目的的教育需求，与国外知名中学合办海外流学基地，吸引重庆学子到新区仿真海外教育基地"留学深造"，并踏上到境外留学的直通车。做大做强职业教育。立足新型工业化、城镇化和产业

结构调整需要，根据双福新区汽车摩托车制造业、电子产品制造业的产业需求，调整职业教育专业方向，为双福产业发展提供职业技能保障。积极响应具有良好发展前景的消费品工业、机器人产业以及通用航空制造业等新兴制造业的未来需求，超前设置一批立足未来双福后备产业发展的专业学科。提升双福职业教育质量，设立职业技能奖学金，以职业认证为导向，对获得全国职业技能资格的学生给予奖励，引导职业培训向更专业、更精细方向迈进。

3．完善公共文化服务体系

重视双福历史文化的利用，增强双福的历史厚重感。挖掘出身江津及双福的著名历史人物，以雕塑等景观形式进行纪念。整理双福的历史沿革和历史典籍，建立双福史图墙。凭借双福依山傍水的先天条件，规划建设一批市民文化广场、文化公园和群众艺术博物馆，举办一批传统文化体育活动，使双福市民参与到双福群众性文体活动中来。大力发展文化产业，以双福浓爱湖等为依托，邀请国内知名导演为双福量身打造电视剧、舞台剧、山水剧和广告短片，赋予其人文内涵和现代元素，培育形成双福地方特色文化名片。

4．完善城乡一体社会保障体系

在双福先行先试完善城乡养老保险。针对目前由社会保障部门征收养老保险因权威性不足造成的征缴率不足的问题，试点改由税务机关代征，提升养老保险征缴率。针对目前农村养老保险福利化的问题，在双福进行农村养老保险改革试点，逐步提高个人缴费比例，并以收入水平的不同设计不同的缴费比例和待遇水平，在机制上与城镇职工养老、城镇居民养老一致，真正形成统一的、多缴多得的养老保险机制。扩大各项社会保险覆盖范围。进一步提升双福各项社会保障覆盖面和征收率，将符合条件的各类群体纳入相应的社会保险制度，重点做好双福城乡居民、农民工、非公有制经济组织从业人员、灵活就业人员和个体工商从业人员的参保工作。抓好双福新区转户居民参保工作，努力实现转户居民老有所养、病有所医和应保尽保。

5．完善就业创业服务体系

充分促进双福各类高等学校生源实现本地化就业。对接双福高校、技校专业供给与双福产业、企业业务需求的匹配性，利用双福汽车摩托车产业的人力资源需求，就地吸纳重庆能源职业学院机电工程系、电子与工程系以及重庆交通大学信息科学与工程学院、交通运输学院的高素质专业人才在双福就业发展。利用双福主板、显示器、光驱、磁盘存储系统等制造组装类产业的密集劳动力需求，就地吸纳双福职业学校毕业生在双福就业发展。注重小微企业对于就业的带动作用，创办小微企业孵化园，鼓励双福小微企业积极申请财政扶持小微企业发展专项资金，增加就业岗位，力争将双福建成重庆市微型企业创业基地。完善城乡就业服务体系，健全创业培训体系。加强城乡就业信息引导，搭建劳务信息对接平台，及时掌握双福企业用工信息并免费在双福新区政务网站发布，强化企业用工指导和职业培训。支持双福大中专毕业生、农村转移劳动力、城镇就业困难人员、退役士兵等群体就业创业。开展就业岗前培训，将有创业愿望和培训需求的人员纳入培训范围，面向城市低收入人群和农村低学历人群开展就业培训，加强创业培训的针对性和实用性，不断提高劳动者创业能力。

（五）推进外延拓展，开创区域合作新局面

按照多点互动、优势互补、利益共享的原则，建立并完善双福与重庆主城区、城市发展新区相关区县以及其他发达地区和城市的战略性联系，创新开放合作体制，形成双福新区全方位、多领域、多层次的外向发展格局。

1. 构建三个层面的区域开放拓展网络

一是主动融入主城。积极承接重庆主城的功能外溢，通过都市快轨、城市轨道、城市快速路等区域交通干线网络建设，在交通上密切与主城的通勤联系。加强与九龙坡区的西部新城，沙坪坝区的西永微电园、重庆大学城等毗邻重要功能区域在产城融合领域的深层次互动，共同打造重庆主城西部城市新中心，使双福新区率先实现与主城区同城发展。二是密切协作周边。加强与城市发展新区各区县协同发展、合作发展的力度，发挥双福新区作为城市发展新区率先发展的产城融合先行示范区功能，围绕重庆机器人制造、数控机床、汽摩制造等在城市发展新区的布局，积极与永川、大足、璧山等区县共同构建跨区域产业协作分工链，分享城市发展新区城镇化和工业化推进带来的普遍政策红利。三是推进更广域的区域协作关系。加强与成渝经济区其他中心城市、沿海发达地区乃至与全球的广域产业经济联系，鼓励新区骨干优势企业通过合资合作、建立海外产品营销基地、建设合作研发网络等方式，融入全球创新与市场分工链条。着眼于聚名商，引优资，加大世界500

强公司、中国制造业百强企业的引进力度，抓住重庆市机器人、移动电子商务等战略性新兴产业布局时机，搭建完善的产业服务体系和落地平台，先行一步与欧美、日韩等发达国家跨国企业开展战略合作。

2. 构建两个层面的区域拓展合作机制

一是创新政府间开放合作新机制。打破行政边界，树立城市发展新区与主城一盘棋的整体区域发展意识，新区管委会要主动建立起与主城区九龙坡、沙坪坝、大渡口、巴南等毗邻城区，城市发展新区的永川、璧山等毗邻区县的政府间合作与沟通机制，不定期举行与各行政区县党政主要领导的联席会议，通过走访、调研、主动登门拜访学习等方式，加强工作信息沟通，对于跨区域的基础设施和重大产业项目，共同策划论证，协同推进。二是充分发挥非政府组织的独特作用。积极加强与全国和重庆市各级各类民间的区域性、行业性、企业联盟性经济合作组织，以及生产型和科研型等各类区域性经济合作组织的联系，完善新区非官方的发展促进组织，如以国际国内业内知名专家为主体成立双福新区对外开放发展咨询委员会，以企业为主体成立双福新区企业对外投资与贸易促进会。开展各种非官方形式的沙龙、项目推荐会、学术论坛等活动，如举办双福新区多边投资贸易洽谈会、恳谈会、通气会，跨国公司双福沙龙、企业年会等。全方位推动并深化双福新区与周边区县、东部发达地区和国际知名企业的合作。

（六）加大改革创新，争取更多发展政策支撑

1. 比照主城区标准高水平推进城市建设

一是在主城区开展城乡建设、产业布局、土地利用等重要规划的修编时，应将双福新区纳入一并统筹考虑。二是结合十八届三中全会精神，加快行政管理体制改革，赋予双福新区更为完善的行政管理权限，凡属于同一级政府办理的行政审批事务一律在新区办结，切实做到行政审批“一站到底式”服务。三是主城在重点基础设施与公共服务设施建设中，应协同考虑双福新区城市功能拓展需要，尽最大可能发挥双福在疏解主城、分担主城中所具有的承接和带动功能，让双福尽早实现理念“融城”、规划“融城”、交通“融城”、产业“融城”、管理“融城”，让主城发展红利同步覆盖至双福。

2. 支持尽快推进重大交通基础设施建设

为打通对外交通瓶颈，密切与周边地区的联系，特别是拉近与主城的交通联系，更好地发挥区域增长极作用，应及时研究双福新区对外区域基础设施规划布局，加快相关在建工程施工进度。一是建议市规划、市交委和市轨道公司及早启动跳蹬—双福—滨江新城—西彭—鼎山大桥—几江老城区城市快轨线开工建设，并将双福站设置为中心站。二是建议由市城乡建设委牵头，及早研究建设从成渝高速经白市驿接内环华岩立交的白市驿隧道，尽快明确白市驿隧道建设时序、投资主体和道路线型等问题，抓紧完成规划设计、工程招标等前期工作并力争 2014 年年底开工建设，2017 年年底完工通车。三是建议市建委及早落实石板隧道至双福快速通道的业主，尽早推进开工建设，规划与绕城高速建立互通转换口，同时明确该通道应与石板隧道实现同步竣工。四是建议市规划局、市建委及时研究双福新区至大学城、走马和西彭等区域的快速交通线布局问题，实现双福与主城西部片区有机衔接。五是考虑增设 1 到 2 条双福至西永、双福至九龙坡西部新城的公交车线路，由市财政专列补贴，区政府给予配套。六是视客源情况，在双福新区布局一个综合客运枢纽。

3. 积极促进重大产业项目布局

一是结合全市战略性新兴产业布局和培育，引导电子信息、机器人制造、轨道交通装备、新能源汽车、通用航空制造等战略性产业在双福新区选址布局。二是中央级企业和重庆市重点国有企业结合自身发展要求，以双福为基地开展产业投资建设。三是引导主城区大型农产品、钢材和其他专业市场向二环地区迁移，支持双福农贸城、攀宝钢材市场做大做强，打造千亿级市场。四是加强产学研合作力度，引导中央和重庆各类科研院所、高校，以双福新区为基地，建立产业技术创新战略联盟，组建技术研发和成果转化平台，共享科研成果和产品市场化成果，提升双福新区的产业创新能力。

4. 支持完善公共服务设施布局

一是支持市级优质中小学义务教育学校在双福设立分校，或开展联合办学，鼓励品牌幼儿园入驻双福，将双福新区打造成全市重要的义务教育名区。二是支持鼓励市级重点医疗机构利用自身业务优势，在双福创办高水平的分院（分诊机构），支持在双福新区建立一个二甲以上的综合性医院。三是支持中央和重庆市的科研院所、重点（工程）实验室、工程（技术）研究中心在双福新区设立独立机构或分支机构。

5. 加强土地要素保障力度

一是强化城市建设用地指标保障，在重庆新一轮城市规划调整中对城市发展新区调增的城市建设用地指标，应充分考虑双福新区城市与产业拓展的需要。二是提高新区土地的资本化运用能力，完善新区建设公司的土地贮备功能，允许新区新增控规范围内的土地，在报经市政府批准后交由双福新区储备。三是探索农村土地利用新模式，在不改变农村集体建设用地性质和用途的前提下，鼓励农村经营性集体建设用地以入股的方式与双福新区联合开展除商品住宅开发以外的工商业、旅游业、服务业和公共服务设施建设，实现收益按比例分红。

第九章

远郊新城的协同发展

远郊新城是指重庆大都市区外除主城区以外的其他区县。重庆大都市区的外围远郊城市，是重庆建设国家中心城市的重要空间拓展平台。地处川东与重庆主城区过渡地带的渝西地区，是成渝经济区的咽喉区，包括永川区、江津区、合川区、大足区（含双桥经开区）、南川区、荣昌县、铜梁县、璧山县、潼南县、綦江区（含万盛经开区）10 个区县，辖 262 个乡镇（街道），总面积 18 828 平方公里，占全市总面积 22.9%。2012 年，渝西实现地区生产总值 2 757.4 亿元，占全市的 24.1%，完成地方财政一般预算收入 230.1 亿元，占全市 23.4%，固定资产投资 2 652.1 亿元，占全市的 28.3%，社零总额 947.8 亿元，占全市的 23.9%。推进渝西远郊新城与主城区的协同发展，对提升重庆大都市区的规模和能力，推进都市区一体化、整合化发展，具有深远意义。

一、发展环境分析

（一）发展优势

1. 资源丰富独特

渝西地区自然、人文等各类资源丰富而独特。一是人文自然资源丰富、品类多样。有与敦煌、云冈、龙门石窟齐名的世界文化遗产大足石刻，是重庆市唯一的世界文化遗产；有全国最大的野生动物园——乐和乐都主题公园

(5A 级景区)，茶山竹海、金佛山等国家级森林公园；有涞滩镇、双江镇、松溉镇等全国历史文化名镇和合川钓鱼城、潼南金大佛等古迹；有荣昌夏布、折扇、陶艺等国家级非物质文化遗产。二是人力资源储备充裕。渝西地区的永川、合川是重庆重要的中职和高职教育基地，分布有几十所各类中高等院校，位于永川区的重庆职教城是中国西部最大的职教基地，有在校学生12.5 万人。渝西地区长年有 200 万人口在外地打工，劳动力供应有保障。三是农副产品资源丰富。荣昌县是全国重要的仔猪生产供应基地和重庆的畜禽水产主要供应基地，“荣昌猪”是全国三大优良地方猪种和世界八大优良地方猪种之一；潼南县是全国无公害农产品（蔬菜）优秀生产示范基地县、重庆主城区重要的“菜篮子”产品供应基地。四是部分矿产资源储量较丰富。天然气资源分布渝西全境，其中潼南天然气储量达 1 000 亿立方米，是川中地区天然气的主产区，合川、铜梁、永川等区县煤炭储量达 50 亿吨以上，颇具开发价值。

2. 交通区位条件良好

渝西地区以丘陵地形为主，通过多年的建设，已经形成了比较完善的综合交通体系。从水运看，有长江、嘉陵江、涪江穿境而过，已建有长江永川港、江津港，嘉陵江合川港等重要水运港口。从公路看，高速公路有已建成通车的有 G85 渝昆高速公路（即成渝高速）、G93 渝遂高速公路、G75 渝黔高速公路、G93 渝泸高速公路、G65 渝湘高速公路、G75 渝武高速公路 6 条，省际对外出口通道达到 5 个，在建的有成渝复线、铜梁至合川、永川至江津等高速公路项目 10 个。拟建渝黔高速公路复线（渝习高速）、綦四高速公路（綦江区至四面山风景区）。渝西地区农村公路网络相对完善，行政村通畅率达 91.9%，高于全市平均水平 18.5%，6 个区县实现 100%通畅，行政村通客车率达到 90%。从铁路看，已通车的有成渝铁路、渝遂铁路、渝黔铁路等干线铁路，在建的有成渝高速铁路、兰渝铁路、渝黔铁路复线，渝昆高铁、成渝铁路新线（切弯取直货运为主的铁路）。此外，渝西的永川、万盛、南川等区还在积极谋划建设通用机场等空中交通走廊。

3. 发展基础势头良好

渝西地区是重庆市城镇发育较成体系的区域。永川、江津、合川三个城市是重庆市传统的六大区域性中心城市之一，渝西地区是我市除主城区以外较早进行工业布局的地区，主导产业有装备制造、化工建材、轻纺医药、汽车及零配件制造、农副产品加工，以及近年成长起来的电子信息制造业等。根据三次产业结构、人均 GDP 和主导产业类型等指标判断，渝西地区整体发展处于钱纳里关于经济发展六阶段划分中的工业化前期向工业化中期过渡阶段。在这一阶段，工业化发展孕育着重要的结构转型升级内在动力，经济发展速度在产业结构转换过程中有加速推进的趋势，一批资本密集型、技术密集型产业开始在渝西地区入驻。

（二）发展机遇

1. 国际产业结构调整与分工带来的机遇

自 2008 年金融危机以来，国际产业结构调整和产业梯度转移明显。发达国家和我国东部沿海地区的产业向中西部地区转移，在更广阔的区域中寻找投资机会和开拓市场。重庆和成都等城市推进城市功能高端化，逐步将不适宜在主城核心地区发展的部分产业向外转移。渝西作为经济后发赶超地区，具有综合要素成本低、交通区位条件好、可供建设用地充裕等特征，满足承接国际产业大范围转移落地的诸多条件。国际及区际产业向渝西地区转移，将对推进区域产业技术结构全面升级，深度融入国际国内产业分工协作体系，具有十分重要的意义。

2. 国家实施新型城镇化战略带来的机遇

十八大提出了新型城镇化，新型城镇化已经上升到国家战略层面。而在中央经济工作会议中，国家将“积极稳妥推进城镇化，着力提高城镇化质量”作为单独一项任务列出。中共中央政治局常委、国务院总理李克强多次指出：“协调推进城镇化是实现现代化的重大战略选择”，“未来几十年最大的发展潜力在城镇化”。渝西地区城镇化发展近年来虽然比较迅速，但发展的质量并不高，特别是在区县城之外的小城镇等发展动力机制、基础设施布局仍有待完善。为进一步优化配置资源，统筹协调好城乡区域发展，推动“科学发展、富民兴渝”进程，市委、市政府在坚持“一圈两翼”区域发展战略的基础上，拟将全市划分为都市核心功能区、都市功能拓展区、城市发展新区、渝东北生态涵养发展区和渝东南生态保护发展区等五大功能区。渝西地区属于城市发展新区。随着国家和地方政府新型城镇化各项政策逐步到位，以及重庆城市群发育日臻完善，未来五年，重庆城市建设将由二环时代进入到三环时代。渝西地区城镇化受国家“普惠”政策和重庆市“特惠”政策的注入，整个城镇化发展将由速度扩张向质量提升“转型”。

3. 川渝地区城市一体化发展带来的机遇

2011 年，国务院正式批复《成渝经济区区域规划》，这是成渝经济区实现国家级战略，推动科学发展、加快转变经济发展方式的重要战略部署，也是深入实施西部大开发、促进区域协调发展的重大举措，成渝地区城市群紧密一体化发展条件已经成熟。2013 年，全国“两会”重庆代表团集体提出《关于将重庆成都城市群建设成为引领西部地区发展的国家级城市群的建议》提案。以国家和川渝两地政府为主要推动力，以重庆和成都两个特大城市为核心，包括重庆的 31 个区县和四川的 15 个市为载体的我国第四增长极建设提上议事日程。渝西地区恰好处在《规划》重点实施的成内渝发展带和成遂渝发展带之间，位于重庆发展核心绵延带和成渝城市群的腹心，受重庆和成都两个特大城市的交互辐射影响，战略地位十分明显。渝西地区将成为成渝两地产业协作和产业转移，开展各类经济合作的重要战略平台。

4. 成渝高速铁路建成投运带来的机遇

高速度、大运力、全天候、省能源、更环保的高速铁路，成为带动区域发展的新引擎。随着 2015 年成渝高铁建成投运，渝西地区正式进入高铁时代。高铁给渝西地区带来一系列重大影响，主要表现为：一是产业分工的重塑，大大促进重庆、成都产业梯度转移，优化资源配置和产业布局，重构城市和区域间的产业分工，产业的垂直分工将进一步强化和促进服务业特别是生产型服务业发展。二是城镇体系的重塑，成渝高铁缩短了渝西各城市之间，与重庆、成都两特大城市间的时空距离，同城效应更加明显，人流、物流、资金流、信息流等生产要素在各城市之间的流动将更加频繁、更加便捷。受此影响，渝西各城市发展模式无疑将从单个城市的孤立发展时期，走向多个城市相互联动、相互协作的新时期。

（三）面临挑战

1. 成渝极核发展形成的通道虹吸负效应仍然存在

当前，重庆和成都两个特大城市作为成渝经济区的双核，其城市功能高端化还在形成过程当中，城市集聚效应仍大于城市扩散效应。随着成渝高铁、成渝复线高速公路建成投运后，渝西地区和重庆、成都两个极核城市的时空距离更加近了。两个特大城市及其沿线的物资、资金、人才等经济要素将快速流动。但是，经济要素在沿线各个城市的聚集区域是由市场力量进行配置。聚集能力强的区域将获得发展机遇，聚集能力弱的区域，不仅不能获得外部资源，甚至自身的资源将被外地吸引，即资源和生产要素外流的回程效应大于外部发达地区资源辐射的扩散效应，使区域经济在发展轴线上“凹陷”。作为低梯度的渝西地区人才、资金等要素将在虹吸作用下，向着发展环境更优越、行政效率更高的高梯度城市重庆、成都转移。因此，在极核处于由发展向成熟迈进的阶段，受通道虹吸效应影响，反而会造成渝西一些欠发达地区的产业空虚化。

2. 面临周边地区追比赶超的竞争压力

同为成渝经济区的其他周边区市县发展势头强劲，形势逼人。四川省出台《关于加快“一极一轴一区块”建设，推进成渝经济区发展的指导意见》，通过实施“环渝崛起”和“强县扩权”战略，与渝西相邻的川东地区发展迅猛，泸州、宜宾、内江、遂宁、南充等中等城市异军突起，形成了“环渝经济圈”。川渝的发展竞争、特别是“门户”“窗口”区县的发展竞争尤为激烈。比如四川省把隆昌县作为与重庆荣昌县的“发展比较点”，由内江市一名副市长专门负责“内江加快川渝合作隆昌试验示范区”的建设，并从产业布局、政策支持、用地预审、用人机制等方面给予隆昌20条优惠政策，全力支持隆昌县“三年追上荣昌，五年赶超荣昌”。又如在四川广安获批的川渝合作示范区（广安片区）建设总方案中，明确提出支持广安所产天然气部分就地转化并按川渝气田井口价直供，管输费给予优惠；对大用户企业实行直供电价政策。这一系列利好产业政策对企业降低生产成本，提高市场竞争能力，促进产业转型升级都具有巨大的推动作用。前有标兵，后有追兵，渝西地区发展面临着不进则退，慢进也是退的巨大竞争压力。

3．区域内部发展层次和发展质量不高

渝西地区各区县主导产业仍以传统的能源、冶金材料、机械加工、农副产品加工和化工等资源型、高能耗重化工业为主，产业结构层次较低，代表高技术的电子信息、生物医药等产业发育不充分。企业规模小，如以大足区为例，全区规模工业户数287户，总产值310.8亿元，户均产值仅为1.1亿元。渝西部分区域发展还面临着结构调整和转型的紧迫任务，如南川、万盛作为国务院批准的全国资源枯竭城市，历史包袱沉重、自身财力薄弱、产业支撑乏力，亟需国家扶持。受美国次贷危机及欧债危机的持续影响，世界经济包括欧美、日本及金砖国家呈持续下行趋势，国内经济增长也明显放缓。2013年上半年统计局公布数据，经济同比增长仅为7.6%，为近年来少有低点，世界及我国宏观经济进入深层次调整阶段。在此背景下，许多国家开始推进再工业化，重新发展制造业，无论是世界五百强还是国内五百强企业向外投资的动力多显疲软，投资扩张及产业战略布局的步伐放缓，必然影响产业及资本向渝西地区转移规模和速度，特别是制造业较为明显。渝西一些地方政府融资平台公司进入偿债周期，再加上新增投资建设的需要，资金调度压力较大，这给渝西地区长期依托土地开发和基础设施投资所形成的发展模式带来极大的挑战。

二、协同发展的重要意义

（一）有利于助推成渝经济区打造我国第四增长极

成渝经济区目标是打造我国继长三角、珠三角和京津冀城市群后的第四个增长极，但成渝经济区区域发展不均衡，内部二级城市发育发展不完善，成渝经济区在全国各大城市群发展中地位仍不巩固、不突出。成渝经济区的可持续成长还有赖于成渝经济区内部地区各城镇快速崛起并协同发展。渝西地区经济发展潜力大，作为成渝经济区交互影响的核心地区，渝

西地区迅速崛起有利于壮大成渝经济区的规模实力，有利于强化成渝经济区在全国城市群的主体地位，助推成渝经济区率先在全国成为经济增长的第四极。

（二）有利于重庆构建结构合理城镇体系

渝西地区是重庆具有较好城市建设条件的地区之一。当前，重庆的城镇体系结构仍不十分合理。重庆主城区一核独大，城市首位度达 7 以上。人口在 20 万以上的小城市和人口在 2 万左右的小城镇较多，缺乏百万级人口的大城市为二级支撑，作为特大城市的资源与要素的战略承接点和传送带，导致重庆特大城市的辐射带动功能大打折扣，区域城镇发展质量水平不高。渝西地区拥有三个区域性中心城市，具有打造若干个百万级和 50 万级人口城市的潜力。推进渝西地区城镇体系快速建设，将有效弥合重庆城镇体系布局中的“空档”，有效疏解重庆主城区过多的城市功能，降低其资源环境压力，形成结构合理，布局科学、功能完善的新型城镇体系。

（三）有利于提升都市区全域综合竞争力

与其他国家中心城市和直辖市相比，重庆无论是经济总量，还是对外辐射影响均不可与其他城市同日而语，这与国家赋予重庆的定位极不相称。重庆必须推进城乡统筹，加快发展，科学发展，作为省的架构，重庆必须改变“小马拉大车”“独马拉大车”的发展现状，亟需在主城之外，开辟新的经济增长点，形成第二发展推进器。渝西地区是承载重庆加快发展的新兴潜力区域，渝西地区新型工业化、新型城镇化、农业现代化的发展水平，在很大程度上代表着重庆的整体发展水平。为进一步提升渝西地区的门户形象和整体实力，有必要加大力度和加快该地区的发展步伐。渝西得西部大开发、成渝经济区和成渝城市群建设的“天时”；拥快捷立体交通网络的“地利”；聚地区加快发展强烈愿望的“人和”，重视渝西地区发展是顺势而为，加快渝西地区发展也正当其时。渝西地区在一定程度上决定着重庆的发展后劲，如果进一步加大对该地区的支持力度，着力打造成重庆第二经济增长极，必将有利于增强重庆整体辐射带动能力。

（四）有利于构建资源共享、优势互补经济共同体

长期以来，渝西地区是重庆与四川、贵州等省市合作交流的门户和窗口。渝西各区县与四川广安、华蓥、南充、遂宁、资阳、内江、泸州和贵州遵义等市区县在资源、市场和产业方面的交流联系十分密切。四川省政府专门出台文件，明确要求达州、广安、泸州、资阳、内江、遂宁6个城市深度融入重庆都市圈，把重庆视为它们的“经济省会”，在加速融入重庆过程中实现快速发展。加速区域协作力度，实现资源共享、竞争共赢成为川东渝西黔北地区的主旋律。但必须看到，由于缺乏统一的规划协调，没有真正形成制度化的磋商通报机制，渝西地区内部、渝西地区与川黔等市县在共同发展过程中，还存在各自为政、产业同构现象，严重阻碍了地区的协调可持续发展。着眼于区域一体化，在更高层面构建渝西可持续发展的新协调机制，有利于更好地协调各方利益，加强要素共享和产业分工协作，形成资源共享、利益均沾的共同体，实现渝西地区的可持续健康发展。

三、协同发展的战略途径

（一）实施产业升级战略，打造成渝经济区中部的产业新高地

1. 布局四大战略性新兴产业

战略性产业的培育是渝西地区产业发展的希望所在，也是渝西地区可持续发展的动力所依。要围绕国家和重庆市战略性新兴产业布局，有选择地通过落实大企业、大项目，布局发展高技术含量、无污染、低能耗的战略性新兴产业。主要发展方向如下：

大型装备制造业。依托江津、永川等临港工业园区，发展数控机床、工程机械、通用航空配套、大型结构件、精密铸锻等大型装备制造业。依托双

桥经开区、江津等，大力发展汽车拆解大型成套设备、应用废塑料复合材料、废旧轮胎回收处理设备。

电子信息制造业。依托璧山、铜梁和潼南等产业平台，加强与重庆笔电产业的配套协作，引进笔记本电脑整机制造产业相关配套产业。依托双桥经济技术开发区的汽车制造优势，积极拓展汽车电子和消费电子等电子制造业，以及新一代显示产业。依托永川国家级智慧城市建设，大力发展网络通信设备、无线通信设备、光通信设备、通信终端、通信配套元器件等通信设备制造业。

新型材料产业。结合信息产业需求，拓展发展半导体材料（含IC封装材料）、平板显示材料、印刷电路板材料等信息材料产业。结合潼南、荣昌等农副产品加工对产品包装材料需求，发展新型全降解塑料、食品保鲜等新型包装材料。结合医药产业发展，拓展标准化医药产品、日用工业产品、特殊用品等日化医药材料产业。结合双桥汽车制造业基地打造，配套发展汽车高强钢、铝镁合金材料和复合工程塑料开发应用。

生物技术产业。加强生物制造型企业和前沿生物技术项目的引进，在荣昌、潼南等地积极发展以细菌性疫苗、病毒性疫苗、基因工程疫苗及联合疫苗研发及产品产业化为代表的新型生物技术产业。

2. 提升发展三大传统制造业

一是提升汽摩制造业。依托双桥经济技术开发区，大力发展重型汽车制造、专用车制造及汽车关键零部件制造业，推进纯电动和混合动力汽车等新能源汽车在双桥布局。引导隆鑫、力帆、宗申和鑫源等重庆摩托车主机生产企业和核心零部件企业向璧山、江津、合川、綦江等邻近主城的区县转移，以渝西地区为基地打造中国摩托车产业之都。

二是优化提升农副产品加工业。依托荣昌畜牧品牌、潼南绿色蔬菜、南川方竹笋等特色农业资源，高点规划和强力推进国家现代农业示范区建设，推进“基地+工厂+渠道”整合发展模式，打造绿色农副产品精深加工产业集群，促进农业增产提效，农民增收致富。加大科技应用水平，着力向有机食品方向发展。

三是壮大医药化工产业。利用渝西丰富的中药资源，开发中成药、日用化工产品。依托潼南丰富的天然气资源，及早启动天然气冷热电三联产项目

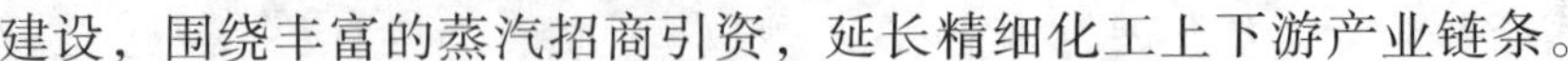

建设，围绕丰富的蒸汽招商引资，延长精细化工上下游产业链条。

3. 培育四大现代服务业

围绕产业升级和城市转型，积极发展一批具有强大带动力的现代服务业，重点推进渝西地区先进制造业与现代生产服务业的有机融合，使之成为渝西地区城市功能高端化、产业服务配套化的重要力量。

一是培育信息服务业。依托永川、璧山信息技术人才和产业集聚优势，积极发展基于下一代互联网的电子商务、数字出版、社区网络等新兴内容产业和通信增值服务业。

二是培育金融服务业。推进小额贷款公司、融资担保公司、私募股权基金、风险投资基金或者信托公司、金融租赁公司、大集团的财务公司等各类非银行业金融机构在各区县设立区域性总部机构。支持以永川、江津、合川等中心城市吸引数据中心、清算中心、银行卡中心、研发中心、呼叫中心、灾备中心等新型金融业态入驻，形成包括数据处理、数据备份、信息交换、资金结算、电话银行、技术培训等金融后台服务机构聚集地。

三是培育现代流通业。依托永川、江津便捷的水陆交通枢纽，发展区域性物流中心，承担川渝黔结合部地区重要物资的集散功能，积极吸引国际和国内一流物流企业入驻，设立区域性采购中心、分拨中心和营销中心。依托江津珞璜水公铁联动优势，争取设立渝西工业保税仓库（中心），打造面向东南亚市场的物流通道。围绕渝西地区畜牧、蔬菜、五金、机电、建材、日用消费品等优势产品，继续做大一批专业批发市场，拓展中转配送、流通加工等功能。顺应现代信息与互联网技术的发展，积极发展电子商务、线上采购交易等新型物流业态。

四是培育文化旅游业。结合渝西地区丰富的自然人文旅游资源，重点打造永川黄瓜山、潼南“中国最美油菜花海”为代表的创意农业旅游业，以大足石刻、合川钓鱼城、潼南金大佛为代表的人文观光旅游业，以金佛山、四面山、茶山竹海为代表的自然风光旅游业，以涞滩古镇、中山古镇、路孔古镇、双江古镇为代表的民俗文化旅游业。打造“大足石刻—潼南杨尚昆故居—合川钓鱼城”人文历史旅游线，“南川金佛山—綦江古剑山—万盛黑山谷—江津四面山”自然观光旅游线等渝西黄金旅游线，将渝西打造成我国西南地区重要的旅游目的地。

4. 打造一批重点产业发展平台

推进渝西地区产业的统一招商和规划，引导重点产业、支柱产业以市级工业园区为平台集中集聚链网式发展，集中力量打造一批重点产业发展平台。将双桥经济技术开发区打造成国家级开发区，支持其他 9 个区县市级特色工业园区，围绕资源优势，加大招商引资力度，明确产业定位，围绕战略性产业和特色产业构建，推进产业集中布局。

（二）实施空间优化战略，打造充满生机活力西部城市发展新区

结合渝西地区的资源禀赋、生产力布局和区位特点，依托铁路、高速公路等交通通道的传递辐射功能，强化区域产业与地理空间有机联系，因地制宜推进渝西地区分层次、差异化协调发展，构建“一区一心二片多点”的空间发展结构。

1. 着力打造“永—大—荣”次都市区

推进重庆城市群发展，要在重庆现有主城区单核城市发展的基础上，打造若干个城市发展次核。在渝西地区，永川、大足、荣昌城镇连片发展趋势明显，三个区县的中心城区，以及永川来苏、三教、松溉、朱沱，大足邮亭、双路、万古，荣昌安富、盘龙、双河、路孔等城镇地理相近，交通联系紧密，城镇发育趋于融合。可以永川为中心，联动荣昌、大足进行城镇空间和功能整合，进行都市区一体化打造。

“永—大—荣”次都市区应作为成渝经济区中成都、重庆两个特大中心城市共同辐射的中继点和城市发展新高地，是重庆市域继重庆主城外，打造的一个经济繁荣发达、城市功能高端的现代化都市新区，成为在重庆五大功能区建设中率先崛起的城市发展新区标杆。

“永—大—荣”次都市区要着力培育城市高端功能，积极引进区域性总部机构，建立金融、信息、科技等高端生产要素集聚中心，积极发展电子信息、生物技术、新材料、新能源等新兴产业。到 2020 年，“永—大—荣”次都市区地区生产总值超过 2 000 亿元，建成区面积达到 200 平方公里，城区

集聚人口超过200万人。

2. 打造主城西部新中心

璧山和江津位于二环的部分，和重庆主城联系紧密，是重庆主城向外拓展的重要区域。重庆是山地型城市，三山（铜锣山、中梁山和缙云山）将重庆主城分隔为相对独立的城市组团。在中梁山和铜锣山之间，已经形成了以解放碑为核心，以观音桥、南坪、杨家坪、沙坪坝等为支撑的城市中心，但这种单中心的发展模式可能会造成极为严重的交通拥堵、人口拥挤的“大城市病”。以重庆打造1 000平方公里的特大城市框架来说，重庆应依山就势，在三山两槽之间，建立独立于解放碑城市中心，并与之同级别的城市新中心，朝着多中心的城市模式发展。

在中梁山和缙云山两山之间，以渝西地区璧山大路、璧城、青杠，江津双福、德感、几江、支坪镇为支点，与九龙坡含谷、金凤、白市驿、走马、石板、巴福、陶家、西彭，沙坪坝的凤凰、青木关、土主、陈家桥、虎溪、西永、曾家，沿二环高速公路的相关镇街，按照产城融合的模式，有机疏解重庆主城过密的城市功能，培育电子信息、大型机械装备、汽车制造等产业，共同打造成新的重庆西部新城，成为与解放碑同层次的重庆主城西部城市新中心。到2020年，西部城市新中心建成区面积达到500平方公里，集聚人口超过500万人。其中，江津城区面积达80平方公里，城区集聚人口100万，重点打造装备制造、汽摩及零配件、新型材料产业，成为重庆西部的新型工业化示范基地。璧山城区面积达到50平方公里，城区集聚人口60万。明确璧山作为西部内地区先行先试ECFA的地位和作用，以电子信息产业为产业特色，推进璧山与台湾企业密切产业协作，通过体制机制创新，大胆探索两岸合作新模式，构建两岸对接平台，努力建设成为“两岸经贸合作先行先试、科学发展的共同家园”，成为西部地区的“昆山”。

3. 打造两大特色城镇发展片区

一是打造渝西北城镇发展片区。以合川、铜梁、潼南为支点，依托渝遂、渝武高速和渝遂铁路等发展轴线，加强与川东北地区各市区县的合作，打造渝西北片区的紧凑型带状城镇发展群。

合川：定位于辐射重庆北部、四川东北部的中心城市，重庆国际化大都市的北部卫星城市，重庆北部能源生产基地，水陆交通枢纽和教育高地。以发展清洁能源、装备制造、机械加工业、教育业和观光旅游业为主。远期建成城市面积60平方公里，人口60万人，成为既接受重庆市主城区的辐射，又能辐射带动周边县市的大城市。

潼南：定位于川渝合作示范区、渝西新型工业高地、生态文化宜居城市。充分发挥潼南水、天然气、农业等资源优势，大力发展以天然气为主的精细化工、清洁能源、农副产品深加工等产业。发挥潼南水资源、生态资源丰富特点，打造为川渝两地提供丰富农产品的“菜园”，川渝两地游客休闲旅游的“花园”，成都、重庆两大城市居民置业宜居、养生休闲的“庄园”。及时对潼南土地利用总体规划、城乡总体规划进行修编，优化城镇建设用地规划空间。

铜梁：定位于西部工业新城、重庆主城西部的卫星城市、人文宜居城市、基础教育名城。突出做好现代产业集群建设，重点打造汽车摩托车零部件制造、通用机械及零部件制造、铝合金制造及轻工制鞋等产业集群。

二是打造渝西南城镇发展片区。以綦江、南川为重点，依托渝怀铁路、渝黔铁路和渝黔、渝湘高速公路，推进与黔北、渝东南能源资源开发、流域开发、职业培训、生态环境建设等方面的合作，使之成为重庆主城向黔北经济合作扩散的枢纽和桥头堡。

綦江：定位于主城南部工业基地、主城休闲旅游基地。依托较为雄厚的齿轮机械工业基础，对接重庆中国汽摩产业转移，打造服务于主城汽摩产业的配套区。对接主城市民快速增长的休闲需求，提升城市品质，打造主城休闲避暑养生基地，推动旅游及文化创意产业发展。

南川：定位于特色工业城市、生态旅游胜地。充分整合渝南黔北能源、矿产、特色旅游等资源，围绕冶金打造主城南部重要资源型产业基地，依托金佛山国家森林公园等旅游资源，打造全国知名的生态休闲旅游目的地和宜居度假基地。

4. 着力壮大一批功能性小城镇

在推进渝西地区10个区县城协调跨越式发展的同时，要充分发挥小城镇在“城乡联动、以城带乡”中的重要作用，加强小城镇建设的规划管理、政策引导和产业扶持。适度扩大现有建制镇镇区规模和人口规模，加强某一重点功能的重点培育，如围绕旅游休闲、会展商务、宜居养生、商贸物流、轻型加工等功能，在渝西地区打造一批特色鲜明、管理规范、集聚能力较强的功能性城镇。

（三）实施外向发展战略，推动环重庆都市区协同发展、共同繁荣

渝西地区是重庆的西大门和南大门，要按照多方推动、优势互补、利益共享的原则，建立并完善三个层次的对外交流合作体系，创新三个层面的开放合作机制，构建渝西地区新型外向发展格局。

1. 构建三个层次的外向合作体系

一是进一步密切与重庆、成都特大城市的协作关系。充分利用重庆、成都作为中心城市的高梯度集聚辐射优势，加强与渝西各区县在教育、科技、人才、生产要素、信息、旅游方面的协作。积极争取成为重庆、成都等电子信息、汽车摩托车、精密模具、大型及专业装备制造业的配套生产基地，主动承接两地退二进三产业，实现渝西地区与上述两个中心城市在产业上的高度链接，主动融入重庆、成都经济圈。鼓励支持重庆、成都发达城区与渝西各区县建立对口帮扶、友好协作城市。

二是巩固与川黔邻接地区城市的友好合作关系。推进并进一步巩固江津、永川、荣昌与泸州、资阳、内江等川南城市群和黔北遵义的合作关系，打造区域发展的共同体。建立川渝黔旅游“金三角”，共同开发生态与农业资源。整合永川、泸州、江津长江航运港口资源，建立一体化的物流设施体系。依托綦江与贵州北部邻接的优势，利用贵州丰富的煤电资源，大力发展镁铝等有色金属矿产资源综合利用和循环经济项目。加强合川、潼南与南充、遂宁、广安在机械电子制造、汽车摩托车零部件制造、天然气化工、文化旅游、农副产品深加工等领域的合作关系。

三是加强与东部沿海发达地区的合作。加强渝西地区与长三角、珠三角、海西经济区等发达地区的经济贸易合作，主动承接东部地区产业向西部内地转移，打造东部产业西移的示范区。在东部和中部等重要城市设立统一的办事机构。聘请政府雇员，及时搜集、传递国内外经济、科技、文化和市场等各类信息，牵线搭桥，跟踪合作项目落实，拓展联络对接渠道，巩固和

发展合作关系。

2．创新三个层面的区域合作新机制

一是创新政府间开放合作新机制。打破行政边界，树立渝西全域一盘棋的整体意识，建立四川、贵州毗邻市区县和渝西10区县党委政府领导联系机制，定期召开区县党政主要领导的联席会议，就区域经济一体化等重大问题进行协商沟通，构建统一协调的市场竞争规则，共同对重大基础设施、重点产业项目建设以及生态环境保护等问题进行规划与协商。

二是发挥民间组织在渝西对外开放战略中的独特作用。鼓励成立各种民间的区域性、行业性、企业联盟性经济合作组织，以及生产型和科研型等各类区域性经济合作组织，全方位推动渝西地区与周边区县、东部发达地区的开放合作。如可成立以专家为主体的渝西对外开放发展咨询委员会，以企业为主体的渝西对外投资与贸易促进会等。

三是构建重点发展领域的统一开放的市场。遵循互利共赢原则，加强信息沟通，对于跨区域的重大项目，建立项目储备库，协同策划、论证和共同推进。如建立渝西与四川、贵阳黄金旅游线路和旅游景区的合作开发协调小组，共同打造川渝黔旅游金三角。负责组织区域优势农产品的共同产业化开发。加大重大基础设施的协调，共同进行对三省市交界处城际铁路、高速公路、水运、能源、通信等跨区重要基础设施修建的前期研究工作，共同向国家申报，推动审批立项。

（四）实施交通促进战略，打造高效便捷的区域性综合交通枢纽

进一步完善渝西地区路网布局，畅通渝西内部互联互通关系，构建完善渝西对外大通道，实现水陆空多种交通方式并举发展，提升重要节点的综合交通服务功能，打造运转高效、方便快捷，全方位、立体化的区域性综合交通枢纽。

1．公路方面

加快渝西地区与四川泸州、南充等地区的南北向联系，尽快启动实施南

泸（南充—潼南—大足—荣昌—永川—泸州）高速公路建设，规划建设北安（北碚—潼南—安岳）、广资（广安—潼南—资阳）高速公路，实现渝邻、渝武、渝遂、成渝复线、成渝等高速公路横向连接，形成渝西地区纵横交错的高速路网。加快渝西地区与主城区的快速联系，规划南川至两江新区高速公路、永川经江津至主城的永津九高速公路，争取早日开工建设，使之与南道高速一起成为重庆市贯通南北、通达贵州的快速交通干线。将渝西地区高速公路纳入主城年票车通行范围，降低区域交通成本。

2. 轨道方面

积极发展包括干线铁路、高铁及场站、都市快轨、城际列车等城铁和轨道交通方式。尽快规划修建永川经铜梁至合川的铁路，联通成渝、渝遂两大铁路干线。远期规划綦江经江津白沙镇至永川铁路，联通已有的渝怀铁路长寿至涪陵段、南涪铁路、綦万铁路与成渝铁路，打造环渝西线城际铁路网。利用渝西地区既有空余铁路运力，在渝西地区开通城际通勤列车。尽快将“都市快轨”铜梁试验线延伸至潼南和四川遂宁等，并与高铁、城际列车站等无缝接驳。由市政府协调铁路部门增加渝遂快速铁路在潼南、合川等站的停靠班次。力争黔张常铁路延伸线经由南川，打通通往长沙的铁路干线，与渝湘高速一起成为渝湘经济带的重要交通干线。

3. 通用航空方面

打造渝西地区立体交通网络，建立低空通勤走廊。结合重庆市应急救援、公务及商务飞行、航空旅游休闲等各类需求，在永川、万盛、潼南选址，建设一个二类以上标准通用机场，辐射带动周边。推进军民结合，积极协调空军大足机场的通用航空功能，主要用于抢险救灾、应急救援、空中警务、临时公务活动等领域。在渝西4A级以上重要旅游景区、三级甲级以上医院、国家级公铁水交通干线枢纽场站，建立直升机停机坪，与高铁等快速交通无缝连接，满足应急救援、抢险警务等需要。

4. 水运方面

加快推进江津、合川、永川等重点大型港区的建设，将涪江重庆段航道等级提升为四级航道，构建完善的集装箱、汽车滚装、大宗散货、旅游客运等运输系统。构建渝西地区航道网络畅通，港口布局合理，船舶技术先进，支持保障系统完善，并与高速、铁路等其他运输方式相互衔接、协调发展的内河航运网络体系。

5．管道方面

尽快启动成都—潼南—广安和宁夏中卫—重庆合川—潼南—铜梁—璧山—大足—荣昌—贵州贵阳（中—贵）供气管道建设。

四、相关政策建议

（一）加快市级层面对渝西地区统筹协调力度

建议市委、市政府对渝西地区发展给予高度关注，明确一名市领导主抓渝西地区的区域发展协作。由市委、市政府出台新的《加快渝西地区发展的指导意见》，编制《渝西地区中长期发展规划》，将渝西地区发展的重点片区、重点产业和重点项目，作为《重庆市国民经济和社会发展“十三五”中期评估报告》的重要内容予以表述。在市级政府主导的投资项目中，向渝西适度倾斜，并加大土地、金融和财税的支持力度。简政放权，社会管理上先行先试，推动渝西地区形成合力、加快发展，理顺行政管理体制，在条件成熟时，逐步将璧山、铜梁、潼南、荣昌四个县升格为区的建制，优化资源配置，使渝西地区由县域发展模式向城区发展模式转变，成为名副其实的城市发展新区。

（二）推进重大产业与基础设施项目优先在渝西地区布局

重大产业布局方面：积极向国家争取一批重大产业项目在重庆布局，在布局选址时，应优先考虑向渝西地区倾斜。结合重庆市产业发展方向，有意识地引导国家级或有重大影响力的产业项目，如电子信息、生物医药、机器人制造、通用航空制造、轨道交通装备、环保、新材料等战略性产业向渝西各区县布局。结合主城区退二进三，积极将一批医药化工、摩托车整车及零部件项目和部分汽车整车项目向渝西地区转移。

基础设施方面：改造提升渝西地区重要水利基础设施，争取早日解决渝西地区工程性和水质性缺水问题。打通渝西对外联系，完善区内路网的重要干线交通，特别是区内南北向的通道、渝西地区通向主城的快速连接公路，加快都市快轨向渝西地区延伸，并使其与地铁、高铁和城际列车等接轨。推进小南海水电站、涪江流域梯级水电站等能源设施建设，缓解渝西和主城能源供给紧张问题。

公共服务方面：支持中央和重庆市的科研院所、重点（工程）实验室、工程（技术）研究中心在渝西地区设立独立机构或分支机构。引导中央在渝企业、市属重点企业和高校、科研院所在渝西地区组建技术研发平台和产业技术创新战略联盟，共享科研成果和产品市场化成果，提升渝西地区科技创新能力。壮大各区县职业教育规模，力争实现普职比5.5∶4.5，鼓励重庆市知名高校到渝西地区设立二级分院或独立学院。鼓励重庆市三甲以上医院到渝西地区设立合作分院，补充渝西地区卫生医疗资源的不足。

（三）用好用足中央在渝西地区的特殊支持政策

用好用足国家给予各区县的国家级金字牌子及相关配套政策，为渝西地区现阶段发展“输血强身”。加大资源枯竭型城市转型，建议市政府设立全市资源型城市、独立工矿区、老工业基地专项资金，以争取国家支持，加快实现南川、万盛作为资源型城市转型步伐。加大川渝地区合作平台的打造，加快推动川渝合作示范区（潼南片区）建设总体方案的批复实施，加大对示范区建设的支持力度。加大智慧城市建设，支持永川作为渝西地区唯一国家级智慧城市试点，大力推进智慧型产业在永川布局，建立永川智慧产业园区，鼓励网络传输商、软件开发及服务商、智能设备制造商等国内外大型企业参加永川智慧城市建设。积极争取将重庆作为国家低空经济试点城市的政策在渝西先行示范实施，在渝西地区选择一至两个点，打造重庆低空经济试范产业园区，建立航空运营基地和重庆空中应急救援分中心，鼓励社会企业参与通航产业投资。支持双桥经开区积极申报成为国家级经济技术开发区。支持荣昌重庆国家现代畜牧业示范核心区建设，继续向中央财政争取加大对涉农产业转移支付力度。支持生态文明示范工程试点县建设，提高生态补偿财政转移支付水平。

（四）创新并赋予区域发展的重大政策

创新土地利用政策。在渝西地区开展土地利用的一系列政策创新，在渝西农村集体建设用地交易所，实物交易和地票交易同时进行，允许经土地整治后形成的节剩土地，可在一定封闭范围内进行产权流转，或由不同性质的经济主体购买或租赁，以期真正实现农村与城镇建设用地同权同价。允许农村集体建设用地不需通过征地和招拍挂等手续成为出让土地，而直接由农村集体经济组织自行进行招商引资，进行现代工商业建设。鼓励渝西地区农村集体经济组织和村民利用集体建设用地自主开发各类产业项目。推广“低丘缓坡”土地利用政策，增加城市和工业用地。

创新财税金融支持政策。一是设立区县偿债基金。市政府对渝西区县债务进行清理，设立区县偿债基金，统筹解决区县政府负债问题。二是对金融财政改革进行试点。整合银行资源和政府融资平台，成立重庆渝西投资开发有限公司，统筹中央、市级财政资金，开展基础设施投资建设和土地贮备工作，为渝西各区县基础设施建设提供金融支持。三是鼓励民间资本投入市场。鼓励民间资本投入市场，培养引进大型城市运营商，加快渝西各区县基础设施建设。四是完善中小企业融资担保风险补偿机制。在渝西地区建立市级财政为主，渝西各区县财政适当配套的担保基金，对各类担保公司在服务渝西企业担保业务所发生的损失，给予定向补偿。

（五）完善区域的考核与评价机制

进一步细化对区域发展的考核评价机制，要把经济发展与环境保护、生态建设、文化民生等内容，都纳入对区县政绩考核的指标体系，并结合各区县的定位及发展方向，采取均衡有差别性的区县考核评价机制，改变唯GDP、唯工业发展总量的政绩考核观。不仅要关注经济指标，而且要关注社会发展指标、人文指标、资源指标和环境指标；不仅要考核城市发展，还要考核农村变化；不仅要考核当代人拥有的财富，还要考核给子孙后代留下了什么。按照渝西地区10区县不同发展层次、不同发展定位，设计有差别的区域考核评价指标，并配套完善相应的财政专项转移支付和补偿机制。对渝西地区部分区县发展以保护生态、从事农业基础保障的项目，应建立常态化的专项财政转移支付基金。

参考文献

[1] 王圣学．大城市卫星城市研究[M]．北京：社会科学文献出版社，2008.

[2] 张文尝，金凤君，樊杰．交通经济带[M]．北京：科学出版社，2002.

[3] 周昕．昆明城市空间形态演变趋势研究[M]．昆明：云南大学出版社，2009.

[4] 杨勇．都市圈发展机理研究[M]．重庆：重庆出版社，2010.

[5] 周春山．城市空间结构与形态[M]．北京：科学出版社，2007.

[6] 王德利．首都经济圈发展战略研究[M]．北京：中国经济出版社，2013.

[7] 王秉安，李闽榕．环海峡经济区发展报告(2008)[M]．北京：社会科学文献出版社，2009.

[8] 李闽榕，胡晓莺，刘捷明．"海西先行"探索[M]．北京：社会科学文献出版社，2009.

[9] 陈大鹏，等．2010—2011 中国服装行业发展报告[M]．北京：中国纺织出版社，2011.

[10] 王若明．2009—2010 宁波纺织服装产业发展报告[M]．北京：中国纺织出版社，2010.

[11] 卞向阳．国际时尚中心城市案例[M]．上海：上海人民出版社，2010.

[12] 傅海霞．后 ECFA 时代鲁台经贸合作前景分析[J]．山东工商学院学报，2011 (4).

[13] 石细云．ECFA 对苏台经贸合作的影响及对策[J]．群众，2011 (5).

[14] 孙兆慧．ECFA 框架下京台经贸合作前景分析[J]．国际经济合作，2011 (5).

[15] 陈火全，郭东强．ECFA 时代两岸信息产业合作研究[J]．宏观经济研究，2011 (2).

[16] 彭劲松. 中国服装产业品牌化转型：国际经验与实施路径[J]. 发展研究，2013（1）.
[17] 彭劲松. 都市圈新型卫星城市发展研究[J]. 西部论坛，2011（3）.
[18] 彭劲松. 大都市圈卫星城市选择与功能布局——以重庆为例[J]. 城市，2011（12）.
[19] 李红燕. 上海发展服装创意产业的现状与对策[J]. 丝绸，2011（8）.

后 记

重庆城市发展及其演变趋势一直是我研究关注的重点。在我国城市比较研究当中，许多人将行政意义上的重庆，即重庆行政辖区与作为城市经济意义上的重庆等同。事实上，在重庆8.24万平方公里的国土面积上，还分布着几十座大中城市和数百个小城镇，重庆全域是一个松散的城市群集合。

政府和媒体经常提及一句话：重庆是大城市、大农村、大库区、大山区并存的一个直辖市，这当然是重庆市情的真实写照。但还要看到，由大城市率先强势发展而起到引领区域协调发展、共同发展、加快发展的作用，是其他大农村、大库区和大山区无法替代的。重庆大都市区的崛起，是引领重庆实现可持续发展和实现重庆作为国家战略组成部分的重要动力。

城市定位决定城市出路。我以为，在众多的有关重庆城市定位提法中，国家中心城市定位更能呼应重庆作为大都市区发展的现实要求，更能响应重庆城市发展的长远战略立意，理应作为重庆大都市区城市发展的终极定位。作为国家中心城市，重庆将具备全国性引领、辐射、集散功能，承担若干国家级战略功能，在经济、政治、文化、社会等多个领域产生全国性重要影响，代表我国参与国际竞争。

2013年9月，重庆市委四届三次全委会上通过的《中共重庆市委、重庆市人民政府关于科学划分功能区域、加快建设五大功能区的意见》指出，“科学划分功能区域，有利于优化强化重庆主城集聚辐射功能和成渝经济区的辐射带动作用，在服务西部大开发中发挥更重要的作用，实现国家区域发展战略意图”，“将‘一圈’细分为都市功能核心区、都市功能拓展区、城市发展新区，这是国家中心城市的载体”。该文件第一次从官方角度明确了重庆国家中心城市的空间边界——由都市功能核心区、都市功能拓展区、城市发展新区三个紧密联系的空间版块构成，这也是重庆大都市区的空间范围。

在城市化进程中，这三大版块发展水平和发展任务各不相同。都市功能核心区是已经高度城市化了的地区，集聚城市发展诸多高端要素，需要适当疏解过密的城市功能，优化空间结构；都市功能拓展区是重庆主城区重要的新城拓展地区，推进产城融合，打造高端产业集群，完善提升新城服务功能是其重要任务；而城市发展新区作为重庆大都市区的外围区域，将是重庆大都市区工业化、城镇化建设的主战场。从某种意义上讲，推进重庆都市功能“三区”的产业转型和空间整合，是重庆大都市区建设成为国家中心城市的必由路径。

本书正是从这一思路出发，探讨重庆大都市区具体的、可操作的发展机制，研究作为国家中心城市承载的重庆大都市区，其产业结构、空间结构之间的内在互动机理与促进关系，力图从产业与城市二维融合角度，为重庆大都市区建设提供一些有参考价值的实施路径与发展对策。

本书的写作过程中，重庆社会科学院许玉明研究员、田代贵研究员、李勇研究员、吴安研究员、李敬研究员等专家给予了悉心指导。重庆市发展和改革委员会、重庆市经济和信息化委员会、重庆市科学技术委员会相关处室为本书的写作提供了必要的支持帮助。西南交通大学出版社为本书的编辑、出版付出了辛勤的劳动。在此一并致谢！

犹记当年，我作为一名湘中学子，慕重庆大名而西行求学。彼时，电视台正播放着重庆方言喜剧《山城棒棒军》，鲜活的山城文化扑面而来，还带着些许难以名状的亲切感，一下拉近了我和这座城市的距离。的确，在重庆生活工作18年，我无时无刻不被重庆这座城市独特的文化魅力所吸引、所感染，重庆城市发展的日新月异也常令我欣喜激动。不由感慨，重庆是一座有文化、有故事，有侠士风骨、有恢宏气度的城市，是这座城市给予了我一直奋勉向上的力量。

本书是我治学道路上的一次自我剖析和检讨，鉴于自身学术水平有限，书中有关观点难免肤浅和偏颇，真诚渴望本书读者及同仁给予批评指正。

彭劲松

2014年5月25日于龙湖睿城·澜溪坊